Asset management reform by

Robo-advisor

ロボアドバイザーの資産運用革命

お金のデザイン＝［編著］

一般社団法人金融財政事情研究会 刊

はじめに

　昨今、金融（ファイナンス）とＩＴ（テクノロジー）の融合、フィンテック（FinTech）が注目を集めています。ビットコインによる送金・決済、スマートフォンで利用できる手軽な家計管理、非対面で（インターネット上で）完結する融資／資金調達など、既存の枠組みにとらわれない、新たな金融サービスが市場を席巻しています。

　しかし、フィンテックは何もまったく新しい概念というわけではありません。金融以外の産業で進んできたソフトウェア化が金融の分野にも波及してきたということです。

　フィンテックと呼ばれるソフトウェア化の波のなかで、二〇一五年頃から特に注目が高まっているのが「ロボアドバイザー」です。ロボアドバイザーとは、人を介さず、ウェブ上で資産運用のアドバイスを行うサービスです。証券会社や銀行の店頭に足を運んで、リターンやリスクに関する説明を受けてから口座を開設し、職員の助言に従って運用を開始するという一連の流れが、すべてウェブ上で完結してしまうところが最大のポイントです。日本よりもこのサービスが浸透しているアメリカでは、ウェルスフロント

めています。
たとえばウェルスフロント（Wealthfront）やベターメント（Betterment）といった企業がすでに有名になっており、二〇一五年一二月時点で、約三〇億ドルの預り資産を集めています。

アメリカでは十分に浸透しているといえるロボアドバイザーのサービスを、日本でいち早く提供しているのが「お金のデザイン」という会社です。同社が「スマホで世界に資産を。」という合言葉を掲げて二〇一六年に始めた資産運用サービスの「ＴＨＥＯ（テオ）」は、開始後半年余りで、利用者が一〇万人を超える勢いとなっています。ちなみに、ＴＨＥＯとは、画家のヴィンセント・ヴァン・ゴッホを資金面でサポートした弟の名前に由来しています。

本書では、日本において新しい資産運用サービスがなぜ必要なのか、フィンテックの潮流は今後どうなっていくのか、お金のデザインを通して読者の皆さんに考えていただくことを目的としています。

第1章では、ポートフォリオ構築のプロであり、お金のデザインのアカデミック・アドバイザーを務める京都大学大学院経営管理研究部の加藤康之特定教授と、ＥＴＦの専門家であるWisdomTree Japanの渡邊雅史氏が、日本の資産運用の現状と課題を解説します。

第2章では、お金のデザインの代表取締役であり、この企業を一から立ち上げた廣瀬朋由が、起業に至るまでの経緯や、スタートアップ企業として、規制業種である金融サービスに取り組んでいくうえでの苦労などを率直に語っています。フィンテックという言葉が流行する前から、顧客本位の資産運用サービスを志していた廣瀬が、その思いを実現するまでにどのような道をたどってきたのか、これから経営者を目指す方にも参考になることを願っています。

第3章では、お金のデザインのCOOであり、一般社団法人Fintech協会の理事として、日本におけるフィンテックの普及に取り組む北澤直が、ロボアドバイザーの概念と特長を解説します。日本よりも先行して、ロボアドバイザーが個人投資家に受け入れられているアメリカの事例を参考に、人を介さない資産運用の姿を明らかにします。

第4章では、お金のデザインのCFO／CSOを務める坂田宏が、金融のソフトウェア化の意義や革新的なサービスのあり方について解説します。多様な職歴を経て二〇代でお金のデザインに参画した坂田の視点を通して、フィンテック・スタートアップの組織の実態を感じていただけると思います。

最後の第5章では、再び廣瀬が資産価値保全について説明し、これからの日本で金融機関や投資家がどのような価値観を大切にしていくべきなのか、考えを述べます。

なお、廣瀬の担当パート（第2章および第5章）に関しては、一橋大学大学院国際企業戦略研究科での福原正大特任教授担当の授業「グローバル・リーダーシップ」において、二〇一五年一二月八日に行われた講演を基にしています。「フィンテック・イノベーション~リーダーシップ・ヒストリー」と題して、二〇数名の優秀な学生の方々の前で講演する機会に恵まれました。講演の機会を与えていただいた福原教授はじめ、一橋大学大学院の関係者の方々に御礼を申し上げます。

株式会社　お金のデザイン

【執筆者紹介】

廣瀬　朋由（ひろせ　ともよし）
株式会社お金のデザイン 代表取締役社長／ファウンダー
横浜国立大学経済学部経済法学科卒業（一九八二年）。
三井信託銀行（現三井住友信託銀行）にて、受託資産運用部の運用統括責任者を経て、一九九九年に世界最大の運用会社バークレイズ・グローバル・インベスターズにて、営業統括本部営業企画部長として、営業全般を統括。二〇〇九年ブラックロックと合併後、営業部門（ジャパン）ＣＯＯに就任。

北澤　直（きたざわ　なお）
株式会社お金のデザイン ＣＯＯ（最高執行責任者）
慶応義塾大学法学部卒業、ペンシルバニア大学大学院修了（ＬＬ．Ｍ）。
モルガン・スタンレー証券に投資銀行員として六年間在籍し、不動産部門の成長に貢献。それ以前は弁護士として六年間、日本とニューヨークにて金融・不動産関連の法律業務を手がける。弁護士（日本法（第一東京弁護士会）ニューヨーク州法）

坂田　宏（さかた　ひろし）
株式会社お金のデザイン ＣＦＯ／ＣＳＯ（最高財務・戦略責任者）
東京大学教養学部卒業、スタンフォード大学ビジネススクール修了（ＭＢＡ）。

マッキンゼーアンドカンパニー東京オフィスにて数々の企業変革プロジェクトに従事。その後、国連開発計画（ＵＮＤＰ）ジャカルタオフィスにて同国の農業制度改革を推進。スタンフォード大学留学を経てシリコンバレーで投資活動に従事。

加藤　康之（かとう　やすゆき）
京都大学大学院経営管理研究部特定教授／株式会社お金のデザイン　運用アドバイザー
東京工業大学大学院修士卒業。
一九八〇年、野村総合研究所入社。ニューヨーク、ロンドン拠点の金融工学部門を経て、東京のシステムサイエンス部長。一九九七年から野村證券株式会社に転籍、金融工学研究センター長、フィデューシャリーサービス研究センター長。二〇〇五年から野村證券株式会社執行役。二〇一一年四月から京都大学大学院経営管理研究部教授（専門は投資理論、金融工学）、二〇一五年五月から同特定教授。

渡邊　雅史（わたなべ　まさふみ）
WisdomTree Japan　ＥＴＦストラテジスト
アクセンチュアを経て、二〇〇五年にバークレイズ・グローバル・インベスターズ（現ブラックロック・ジャパン）にポートフォリオマネジャーとして入社。
同社のＥＴＦ事業部専任のストラテジストとしてリサーチやＥＴＦを用いた運用戦略の策定・提案業務に従事後、株式会社お金のデザイン営業部長を経て二〇一六年一月より現職。

目　次

第1章 いま、あるべき個人の資産運用とその考え方

第2章 お金のデザインの誕生とフィンテック・イノベーション

第3章 ロボアドバイザー――アメリカの状況と日本における役割

第4章 フィンテック時代に金融はどう変わるのか――ウェブサービスにおける金融の可能性

第5章 お金のデザインが描くこれからの金融サービス

第1章

いま、あるべき個人の資産運用とその考え方

京都大学大学院経営管理研究部　特定教授　加藤　康之
WisdomTree Japan　ETFストラテジスト　渡邊　雅史

◆この章のポイント◆

- 資産運用を取り巻く環境はどう変化しているのか
- 資産運用におけるポートフォリオとは何か、ポートフォリオはどのように設計すればよいのか
- あるべき資産運用の姿はテクノロジーによって実現できるのか

1 高齢化が変える日本の資産運用

日本は人口減少時代に突入し、これまでのような右肩上がりの経済成長は望めなくなっています（図表1―1）。総務省統計局が発表した「日本の統計2015」によると、日本の総人口は二〇一〇（平成二二）年を境に減少に転じており、二〇五〇年頃には一億人を切ることが予想されています。加えて、その人口を構成する世代のバランスが変化し、超高齢化社会に突入しています。人口動態の変化に伴い、

個人の資産運用を取り巻く環境もまた大きく変化していきます。個人投資家は、まず、次の三つのリスクを考慮しておく必要があるでしょう。

① 年金制度の持続性
② インフレ
③ 長寿（自分および親）

一つ目の年金制度については、（すでに多くの人が感じていることと思いますが、）現行の制度は、公的も私的も、おそらくそのまま維持することはむずかしいと思われます。従来型の年金制度は高齢者を支える若い人が十分に多く存在するという前提でつくられています。しかし今、この前提が崩れつつあります。その対応策として、年金給付金の削減の可能性も否定できないところですが、もうひとつ大きな変化として、従来型の確定給付年金（ＤＢ型年金）から確定拠出年金（ＤＣ型年金）への転換が進んでいることがあげられます。二〇一六年の通常国会で、改正確定拠出年金法が成立したことで、この流れは

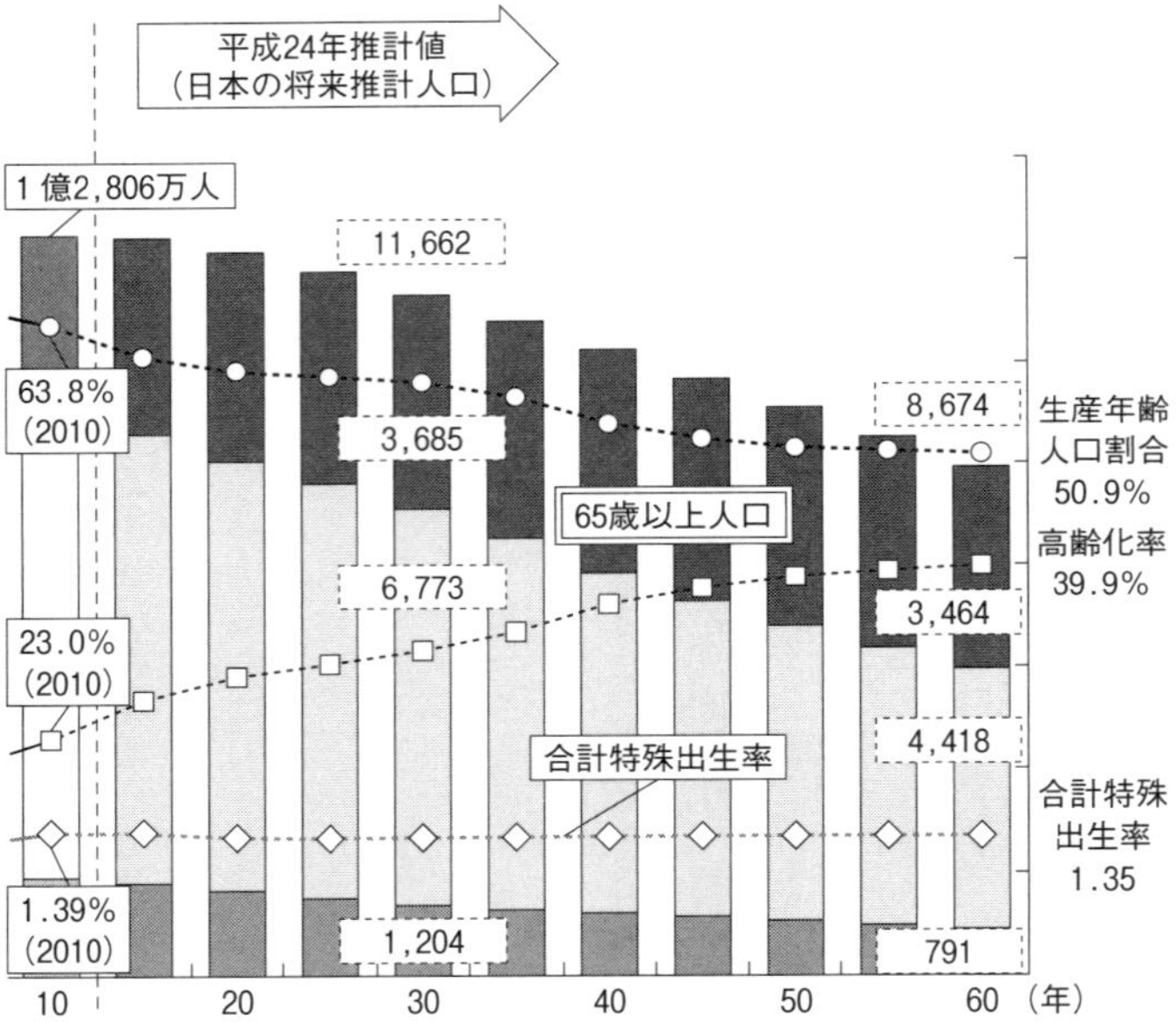

平成24年推計値
（日本の将来推計人口）
1 億2,806万人
11,662
63.8%
(2010)
3,685
8,674
生産年齢
人口割合
50.9%
65歳以上人口
高齢化率
39.9%
6,773
3,464
23.0%
(2010)
4,418
合計特殊出生率
合計特殊
出生率
1.35
1.39%
(2010)
1,204
791
10
20
30
40
50
60
（年）

図表1－1　日本の将来推計人口

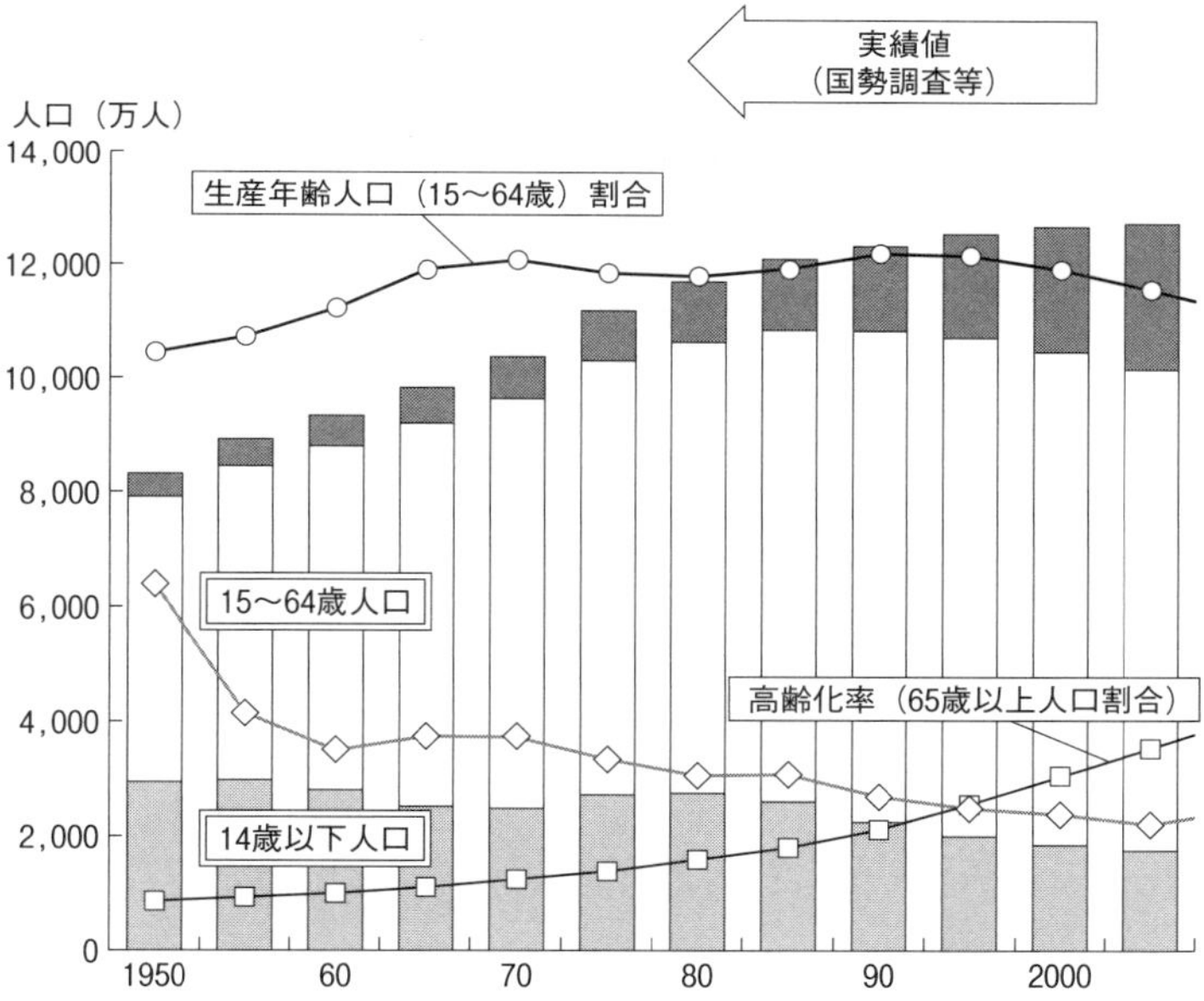

（出典）　総務省「平成24年版　情報通信白書」

ますます加速するでしょう。改正法の成立により、公務員や主婦、すでに企業年金に入っている会社員も個人型ＤＣを使えるようになりました[1]。

ＤＢ型年金の場合、退職後はたとえば月一〇万円の定額給付を受けるといった具合に、基金が退職者のキャッシュフローを保障してくれることになります。一方、ＤＣ型年金の場合は、給付金が確定しておらず、退職者が現役時代に蓄積した資産をもとに自ら運用し自らキャッシュフローを計画することが求められます。退職時に一括で年金を受け取り、年金基金のかわりに自分で自分の資産を運用しながら計画的に支出するという考え方です。退職してから二〇年生きるとすれば、二〇年間のキャッシュフローを自分で考えろということです。退職した時点で何歳まで生きるか、死ぬまでにどの程度の費用が必要か、資産運用でどれだけ資産を増やせるのか、などを完全にわかる人はまずいないでしょうから、資産が枯渇しないように、健康状態や年金以外の収入などにあわせて、支出額や資産運用をそのつど見直して

[1] 二〇一七年一月以降、公務員や主婦などが新たに確定拠出年金に加入できるようになる。

いくことも求められます。このように、年金制度の変化は、資産運用を取り巻く大きな環境の変化の一つとしてあげられます。

二つ目のインフレについては、デフレ時代に育った多くの人には想像もできないことだろうと思いますが、日本にも厳しいインフレの時代があったのです。それは、一九七〇年代前半のいわゆる狂乱物価です。一九七三年、一九七四年の極端に高いインフレ率に続き、それから一〇年にわたって日本は厳しいインフレに見舞われました（図表1－2）。現在の日本の厳しい財政状況を考えれば、将来のインフレリスクを頭に入れておく必要があります。インフレが起こるということは、ものの値段が上がるということですが、逆の言い方をすれば、現金の価値が下がり購買力が低下してしまうということになります。同じ一〇〇〇万円をもっていても、インフレによってその価値は落ちてしまうことになります（図表1－3）。つまり、インフレが起これば、現金や預貯金は安全資産ではなくなるのです。

三つ目の長寿については、それ自体はめでたいことですが、長寿に

図表１－２　消費者物価指数の変化（前年同月比）

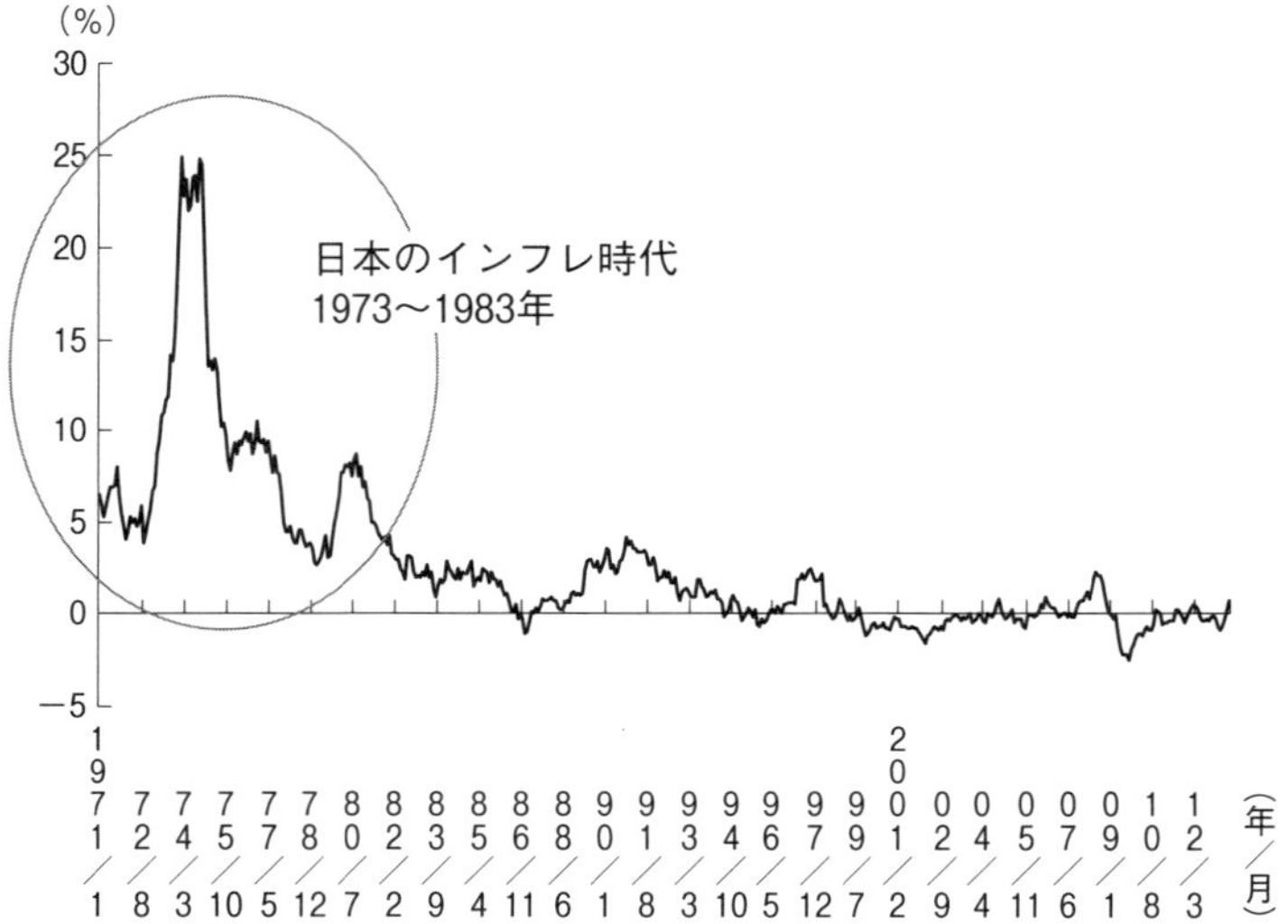

（出典）　総務省統計局

図表1－3 インフレと資産価値の減価

インフレ率	10年間の現金の減価率
狂乱物価時（注）	55%
2％	18%
3％	25%

（注） 8.3%（1973年1月～1983年1月の期間）。

なっても豊かな生活を続けるためにはそのための準備、つまり資金が必要になります。寿命が延びた分の生活費もありますが、医療費も若いときより多く必要になってきます。実際、内閣府の調査によれば、後期高齢者の医療費が国民全体の医療費に占める比率は三三％（平成二一年度時点）に及んでいますし、また、一人当りの医療費も年齢とともに上昇することがわかっています。さらに、自分自身が長生きをする可能性だけでなく、親の長生きによる介護の問題を抱える人が増えています。第二次安倍政権は介護離職ゼロを[2]目標に掲げていますが、現実には、介護のために仕事を辞めざるをえない人が多くいます。

時代的には以上のようなリスクを抱えなが

[2] 安倍政権が掲げる「一億総活躍社会」の実現に向けた施策の一つとして、二〇二〇年代初頭までに家族の介護を理由に仕事を辞める人をゼロにすることを目指している。

ら、いま、団塊の世代が退職を迎えています。この世代は比較的多くの退職金を手にして、退職後は自由な時間が増えます。すなわち退職者による資産運用ニーズが拡大し、退職者のための資産運用手法が求められていると考えられます。

2 ステージ別の資産運用
——資産形成ステージと退職ステージ

現役世代と退職者世代では、資産運用のニーズに大きな違いがあります。図表1－4に示したように、退職時点を山の頂上とすると、登りが資産形成ステージ、下りが退職ステージです。所得があり資産が増えていくのか（山登り）、所得がなく既存資産を切り崩していくのか（山下り）の違いです。

現役世代が属する資産形成ステージでは、所得があるため、基本的に資産が増えていくという前提です。お金を稼いで生活し、余ったお

図表１－４　ライフステージと資産運用

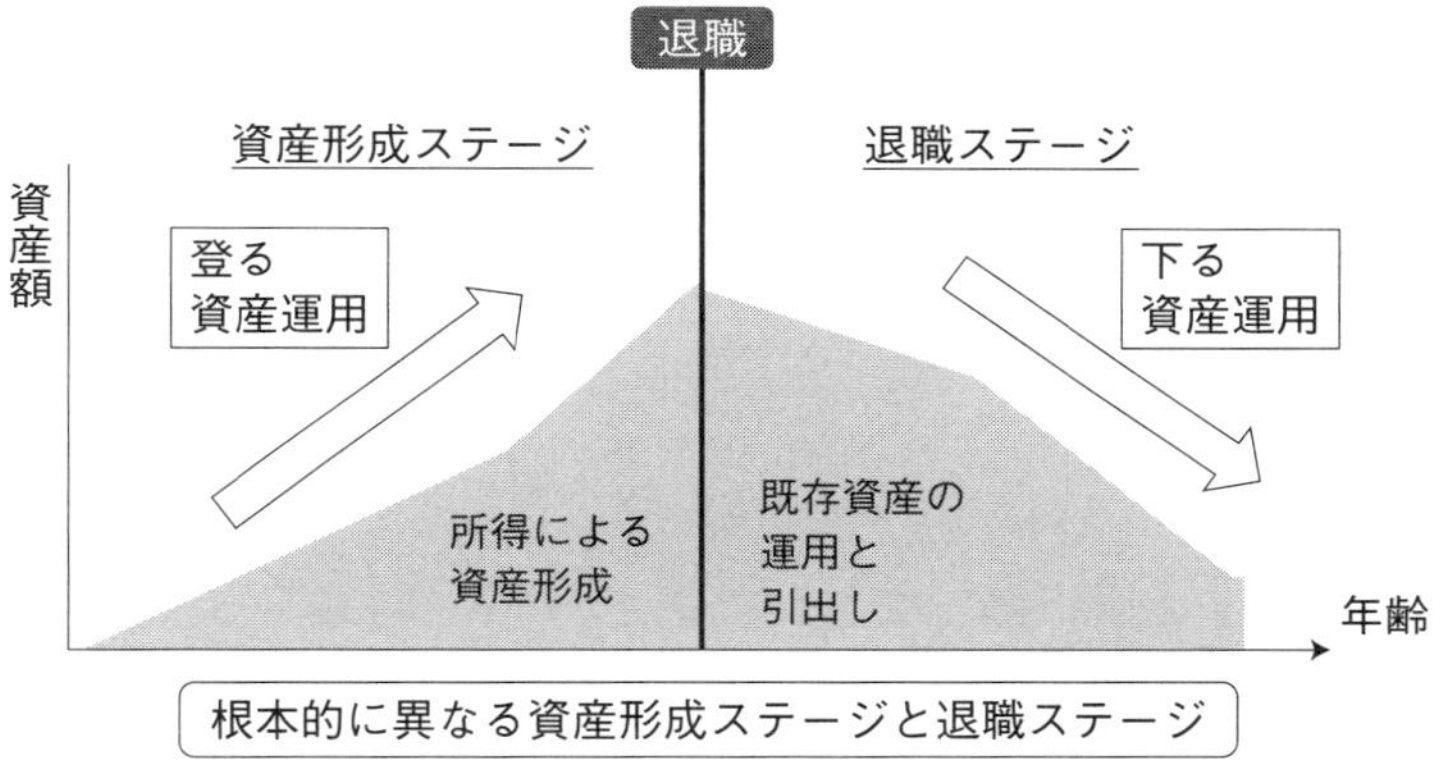

金を預金や投資に回していくのが資産形成ステージの基本的な考え方です。一方、退職ステージでは、基本的に入ってくるお金よりも出ていくお金のほうが多くなります。一部には引き続き多くの収入を得られる人もいるでしょうが、多くの場合、年金だけが収入となり、現役時代（資産形成ステージ）に蓄えた資産を取り崩していくことになります。

資産形成ステージでは、追加の資産を投入することで運用資産、つまり「分母」を増やせますが、退職ステージでは分母が減っていきます。つまり、退職ステージでは資産形成ステージと同じ資産運用のリターンを仮定しても、加速度的に資産が減っていくことが一般的です。一方、資産形成ステージでは、逆に加速度的に資産が増えていくことになります。

資産形成ステージと退職ステージにおける資産運用の相違を図表1－5に示します。退職ステージにおける投資期間は、先ほど述べたとおり、長寿の影響を考慮する必要があります。仮に六五歳で定年退職して、八五歳まで生きるとすると、二〇年もの期間を、限られた資産でやり繰りしていくことが必要となってきます。

リスク許容度については、資産形成ステージであれば新規の資金を投入する余裕があり、高いといえます。リーマンショックや、イギリスのEU離脱を決めた国民投票[3]のような歴史的な出来事があっても、新規の資金により、安値で新たな投資が可能になるため挽回は可能です。一方の退職ステージでは、一度損失を出したら新規の投資資金も

[3] 二〇一六年六月に行われた国民投票で、イギリスがEUを離脱することの是非が問われ、離脱を指示する人が残留を指示する人を上回ったため、離脱が決定した。イギリスがEUを離脱することを示す造語Brexit（British+exit）も生まれた。

図表1－5　資産形成ステージと退職ステージにおける資産運用の相違

	資産形成ステージ	退職ステージ
ネットキャッシュフロー：	イン（所得＞支出）	アウト（所得＜支出）
資産残高の変化：	増加	減少
変化の加速度：	正	負
投資期間：	長い	思っているより長い
リスク許容度：	高（やり直せる）	低（やり直しはむずかしい）
インフレリスク許容度：	高（収入が連動）	低（資産は連動せず）
目標リターン：	高	リターンの高低でない
スタート時の資産規模：	ほぼ同一で少ない	多様
資産運用の目的：	資産を増やす	多様
資産運用の基準：	リスク許容度	多様

なくそのまま市場の回復を待つしかないが、一方で資産の取崩しは続くため取り返す術がない、ということになりかねません。つまり、退職ステージではリスク許容度は低いということになります。

インフレリスクの許容度に関しても同様です。資産形成ステージであれば、収入は基本的にインフレに連動しています。これは、狂

図表1－6　実質賃金指数の推移

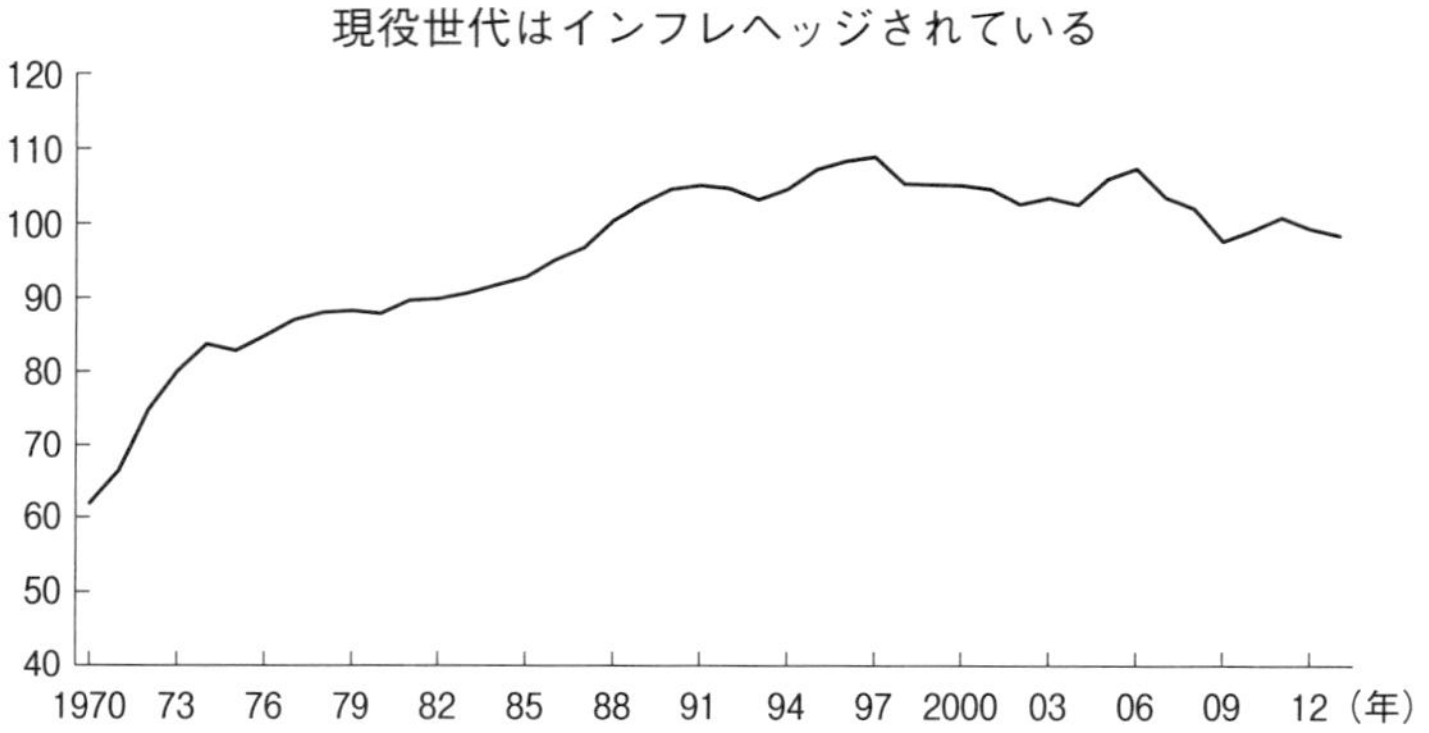

（注）　季節調整ずみ、30人以上、年末時点。
（出典）　厚生労働省、毎月勤労統計調査

乱物価の時代を含む過去の実質賃金指数の推移をみてもわかります（図表1－6）。退職ステージの場合、保有している現金は放っておけばインフレに連動しないため、資産価値が目減りするリスクを抱えています。公的年金の給付はインフレに連動し、マクロ経済スライド[4]という制度がありますが、少子化が進む現状ではむしろ給付額を減らされる傾向にあり、イン

[4]　現役人口の減少や平均余命の伸びなどの社会情勢にあわせて、年金の給付水準を自動的に調整する仕組みのことを指す。

フレリスクの許容度を増す施策ではないと考えられます。

また、投資をスタートするときの資産規模は、資産形成ステージであれば新入社員の時点ということになり、新卒時の一括採用が依然として主流を占める日本では、ほとんどの人は大体同じです。一方で、退職ステージの場合は、職業、家族構成、相続など人によって事情が大きく異なり、現役時代に多くの資産を蓄えた富裕層から、そうではない貧困層まで、多岐にわたります。

資産を増やすことを主な目的とする資産形成ステージと、資産を維持することを主な目的とする退職ステージでは、以上のようなさまざまな違いがあります。

3　資産運用の機能的アプローチ

伝統的な資産運用サービスは、リスクをとって資産を増やすということが基本にあり、資産形成ステージの投資家をターゲットとしていたものが中心でした。収入があり資産が増えていく人たちのための金融商品がつくられてきたのです。DC型年金も同様です。これからは、退職ステージの投資家に対するサービスも同じように重要になるでしょう。人口動態にあわせて、多様なニーズに応える資産運用サービスを提供する必要があるということです。

多様なニーズに対応するということでは「機能的アプローチ」という考え方が重要になってきます。機能的アプローチとは、ノーベル経済学賞受賞者のロバート・マートン (Robert Merton)[5] が一九九五年に金融サービス全体に対して提唱した考え方です。ここでは、その機能的アプローチを資産運用に限定して応用することを考えます（図表1－7）。

従来の資産運用では、リスク許容度の上限を設定し、そのなかで最も高いリターンを目指すポートフォリオを構築するという、いわゆる平均分散法による運用が中心でした。伝統的な資産クラスの分類（株式、債券、不動産など）を行い、与えられたリスク許容度の範囲のな

---

[5] アメリカの経済学者。フィッシャー・ブラック(Fischer Black)とマイロン・ショールズ(Myron Scholes)が開発したブラック・ショールズ方程式の数学的証明により、一九九七年にノーベル経済学賞を受賞した。

図表1－7　退職層を意識した資産運用

- **機能的アプローチ**
  - 各自の目標の実現を目指した資産運用
  - 目標を基本的な機能の組合せで実現する
  - 機能を実現するキャッシュフローをデザインする
  - 平均分散法（リスク／リターンの最適化）がフィットしない

最適化主義から「目標主義、結果主義、機能主義」への転換

かで、資産クラス間の相関を考慮しながら最大のリターンを目指すポートフォリオをつくるという方法です。この平均分散法はリスクとリターンのみに着目しているため、資産運用に対しては、とれるリスクの範囲内でできるだけ資産を増やすことを主な目的としている資産形成ステージの投資家にはうまく適合します。

一方、多様な投資家に適した資産運用とは、各個人の多様な目的にあわせた資産運用です。個人の状況によって資産運用に対する目的は多様だからです。「資産を増やす必要はないため、リスクをとる必要がないがインフレによる資産価値の劣化は避けたい」「元本はできるだけ維持したまま、

図表1－8　退職者の資産運用に必要と思われる共通機能の例

・インカム資産による安定したキャッシュフローの創出
　・必要なキャッシュフローの確保
・インフレ連動資産によるインフレヘッジ
　・インフレリスクヘッジ
・テールリスクの低い成長
　・年金制度のリスクヘッジ
　・長寿リスクヘッジ

機能ポートフォリオの構築→マルチアセットの活用

インカムを提供してほしい」など、さまざまなニーズがあります（図表1－8）。

目標に応じてリスクのとり方を決めたり、自分にあったキャッシュフローを計画したりするには、平均分散法だけによる運用は必ずしも適していません。限られた目標の最適主義から、多様な目標を対象にする機能的アプローチに発想を転換させるべきなのです。

ここで、投資家が必要とする機能に着目した機能ポートフォリオの例を示します。

①　リスク資産による成長（ロング

ターム・グロース・ポートフォリオ）

②　インカム資産による安定したキャッシュフローの創出（インカム・ポートフォリオ）

③　インフレを回避する資産によるインフレヘッジ（インフレヘッジ・ポートフォリオ）

これらのように機能ごとにポートフォリオを作成して、それぞれのポートフォリオを組み合わせます。必ずしもこの三つの機能ポートフォリオにこだわる必要はないのですが、多くの人にとって、共通して必要な機能だと考えられます。たとえば若い人であれば成長を重視し、高齢者であればインカムやインフレヘッジ資産を重視するといった違いがあるのでしょうが、各機能の比率を変えることで、多様なニーズに対応できるはずです。

同様な考え方の参考例として、先進的な運用で有名なアメリカのカルパース（CalPERS）[6]の運用例を示しておきます（図表1－9）。カルパースは、もともと株式、債券などの伝統的な資産の分類に基づいて

[6]　アメリカ・カリフォルニア州職員退職年金基金

図表１－９　資産配分の再定義―カルパース（アメリカ・カリフォルニア州公的年金）の例

新しい分類	目的、機能	伝統的な資産の分類
流動性	流動性の供給 デフレリスク	現金 国内債券
成長	資産の成長	株式
インカム	インカムの取得	世界債券
実物	長期的に安定した インカムの取得	不動産 インフラ、森林
インフレヘッジ	インフレのヘッジ	コモディティ、 インフレリンク債

（出典） CalPERS, 2010.11, ALM Workshop

運用をしていましたが、機能別に新しい分類をつくり直しました。こちらのほうが、何を目指して運用しているのかということを関係者にわかりやすく伝えられるからだと思われます。

これまでに説明してきたとおり、従来型の資産運用サービスでは、リスクをとって資産を増やすという目的を中心とし、資産形成ステージの投資家を主な対象としてきたため、退職ステージの投資家を含め、個々の多様なニーズや目的を満たすことが必ずしもできないという点に問題がありました。

たとえば、毎月分配型の投資信託は、再投資すべきだという論点から批判を浴びることが多いのですが、すべての人に再投資が適しているわけではありません。

再投資したほうが長期的なリターンは高いのだから再投資すべきだ、という議論は、資産が減っていく退職ステージの投資家にとっては必ずしも適切とはいえないものです。資産運用を通して、自分が必要とする機能を実現させることが重要なのです。

4　テクノロジーが変える資産運用

テクノロジーを駆使した資産運用サービスを実現するにあたって、お金のデザインでは、三つのことを重視しています。

一つ目はファイナンシャル・プロダクト（金融商品）としてのテク

ノロジーで、ＥＴＦ（上場投資信託）という商品を活用することを指しています。

二つ目にインベストメント・テクノロジー（新しい資産運用の考え方）で、これは先述のとおり、投資理論を駆使し、さまざまな投資家の多様なニーズに応える運用手法を指します。

三つ目にユーザーインタフェース（ＵＩ）としてのテクノロジーで、これは対面型から非対面型へのコミュニケーションへの変化を指しています。

お金のデザインはフィンテック企業の一つに括られることが多いのですが、フィンテックでは、運用技術に加えて、ユーザーインタフェースが重要であると考えています。本章ではフィンテックに関する解説には踏み込みませんが、ＳＮＳ（ソーシャル・ネットワーキング・サービス）を通じた資産運用の可能性に触れておきたいと思います。

日本では、適切な投資教育が行われてこなかったために、若年層にとって資産運用が身近なものではなかったという背景があります。そのなかで、FacebookやLINEなどのインタフェースを通じて、資産運用が身近なものになっていくことの可能性とインパクトは大きいといえるでしょう。現在でも、LINEは決済サービスを提供しており[7]、資産運用サービスへの拡大は十分に考えられることです。アメリカのエイコーンズ（ACORNS）[8]のように、知らない間に遊び感覚で投資を始められるツールをつくれるかどうかが鍵になるでしょう。SNSは資産運用業が劇的に変わる可能性を秘めています。

5　プロファイリングとポートフォリオ構築

お金のデザインが提供しているサービスでは、ユーザーは年齢や資産運用の経験等、わずか九個の簡単な質問に答えることによって、ポートフォリオを構築することができます（図表1－10）。答えるのにたった二、三分しかかからない質問でポートフォリオが組めるなん

[7]　LINE Payでは、クレジットカードを登録するか、事前に入金しておくことで、スマートフォン等を通じて送金ができるサービスを提供している。

[8]　スマートフォンなどのアプリを通じて、買い物をした際のお釣りの端数など、少額を自動的に低コストのETFに投資するサービスを展開している企業。

図表１－10　ポートフォリオ構築のためのプロファイリング

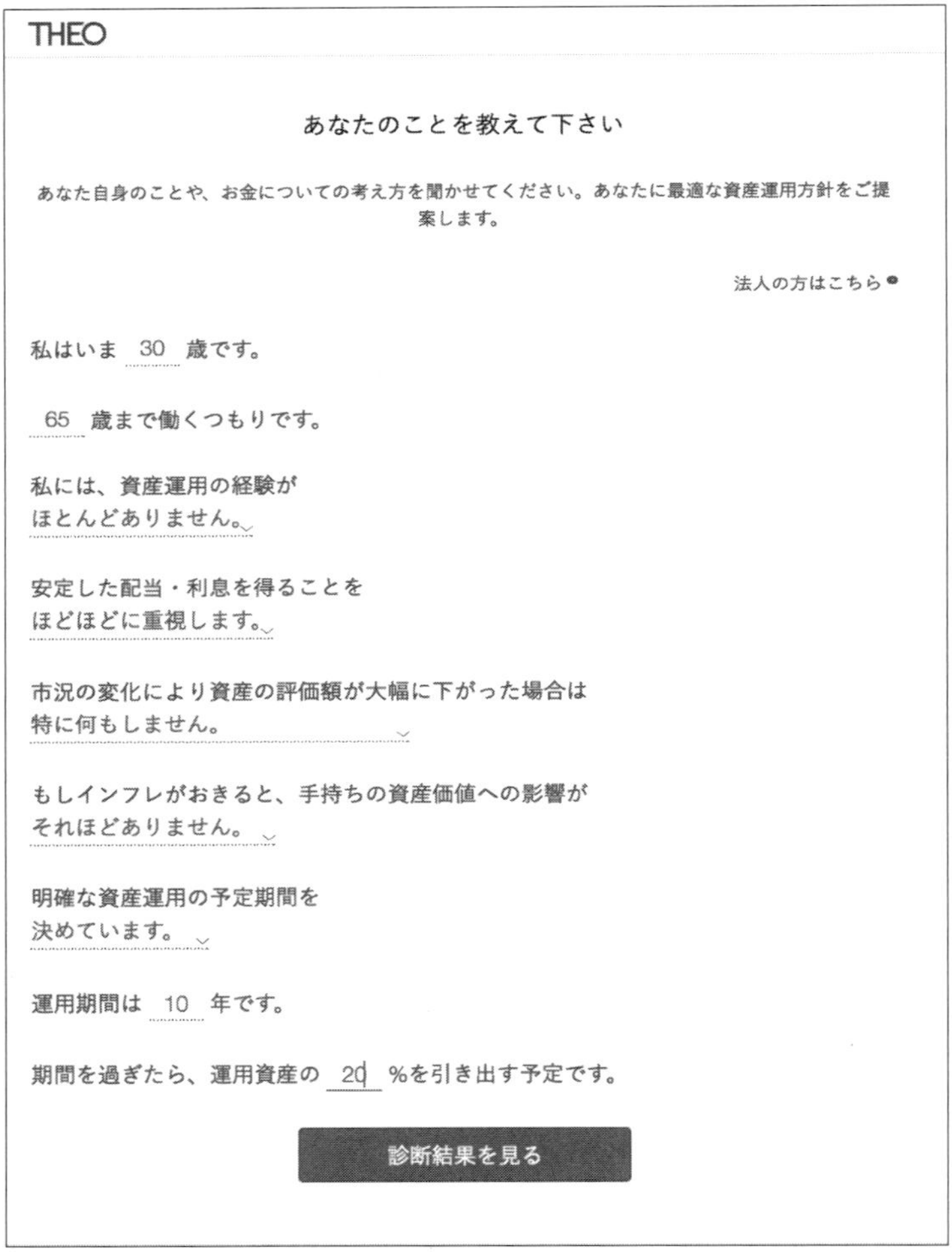
THEO
あなたのことを教えて下さい
あなた自身のことや、お金についての考え方を聞かせてください。あなたに最適な資産運用方針をご提案します。
法人の方はこちら
私はいま 30 歳です。
65 歳まで働くつもりです。
私には、資産運用の経験が
ほとんどありません。
安定した配当・利息を得ることを
ほどほどに重視します。
市況の変化により資産の評価額が大幅に下がった場合は
特に何もしません。
もしインフレがおきると、手持ちの資産価値への影響が
それほどありません。
明確な資産運用の予定期間を
決めています。
運用期間は 10 年です。
期間を過ぎたら、運用資産の 20 %を引き出す予定です。
診断結果を見る

（出典）　THEOウェブサイト

て簡単すぎるのではないか、と思う人もいるかもしれませんが、その人が置かれている環境を把握して、投資性向を見極める素地としては十分な数です。反対に、一〇〇個の質問があったらほとんどの人が回答し終わる前に疲弊してしまうでしょう。

質問で知りたいのは次のような各個人の特性です。ちなみに、質問により個人の特性を抽出することをプロファイリングと呼んでいます。

①　リスクをどこまで許容できるのか
②　資産の成長はどの程度必要なのか
③　安定したインカム（収入）はどの程度必要なのか
④　インフレはどの程度問題になるのか

この四つの特性を抽出することで、その人に適したポートフォリオを組むことができます。また、質問から導き出される基本ポートフォリオは、ユーザーが自由にカスタマイズできるため、ロボアドバイザーとのやりとりを通して基本ポートフォリオをより精緻化できますし、知識のあるユーザーは、自分の好みに応じて調整することもできます。

お金のデザインは、グローバル、パーソナライズ、ローコストという三本柱でサービスを提供しています。独立した運用会社として、顧客に「任せる運用」を提供することにメリットがあると考えています。

(1) フィー・ビジネスの意義

日本では、多くのファイナンシャル・プランナーは金融機関または代理店に所属しています。すなわち販売員という位置づけになります。そうなると、必然的に販売員自身の手数料が高い商品を売りたくなったり、自社グループのファンドを売りたくなったりするインセンティブが働くことから、利益相反が起こりやすくなります。現在でも多くの企業が採用しているのがこのようなコミッション・ビジネスです。

一方、お金のデザインのビジネスモデルはフィー・ビジネスであり、顧客のお金を預って運用し、預り資産の規模に応じた報酬を得ます。顧客が着実な成果を得て預り資産が増えれば、運用会社も儲かる仕組みです。手数料の高い金融商品を売るインセンティブは起こりません。顧客の資産を増やすというインセンティブのみが働くのです。

(2) ETFへの投資によるメリット

資産運用のツールとしてETFを利用するメリットはとても大きいものです。まず、通常販売されている投資信託に比較し低コストです。それは、ほとんどのETFがインデックス運用型[9]であることが大きな理由です。さらに、現在ではETFは世界各国の取引所で取引されており、ETFを介して投資できないものはほとんどないといってもよく、流動性・透明性が高いことも魅力です。手数料の安いETFは、既存の大手金融機関がポートフォリオ提案のツールとしてあまり前向きに取り組んでいないのが実態です。そこで、お金のデザインの

[9] 代表的なインデックス（指数）に連動した値動きをするように資産を運用すること。たとえば日本株であれば、日経平均株価やTOPIX（東証株価指数）に連動した値動きをすることを目指す投資信託などがある。

ような会社が低コストを武器に戦えるわけです。

また、ＥＴＦと投資信託の取引方法の相違がよく比較されますが、取引所に上場されているＥＴＦは、取引の柔軟性が高い点が優位だと考えられます。

投信の場合は、リバランスをしようとすると、一度解約してから買い直す手間が発生しますが、ＥＴＦであれば、値段をみながら、売りと買いを同時に出すこともできるため、リアルタイムでのリバランスをすることも可能となります。

(3) 投資理論を個人投資家にも提供できる意義

資産運用のプロが投資理論を駆使して組んだポートフォリオで運用できるため、機関投資家と個人投資家の境がなくなります。しかし、運用初心者が投資理論を理解することは困難であり、投資理論の習得に時間を費やすのは専門家になるのでない限り時間の浪費です。実際にポートフォリオを運用することにはさらに無理があります。ロボアドバイザーという洗練された運用者に任せることのメリットは大きいと考えられます。これまでは機関投資家のためのものだった投資理論やポートフォリオに、個人投資家も手軽にアクセスできるような時代になりつつあるのです。

(4)　任せる運用の留意点

個人投資家に「任せる運用」を提供できることがメリットだと述べましたが、その半面、自分で個別銘柄を選択してポートフォリオを組みたい人や、取引を頻繁にしたいような人にとっては、任せることのメリットは乏しいといえます。

ＥＴＦは基本的にパッシブ運用の商品です。そのため、確実にベンチマークに勝ちつづけるアクティブマネジャーを見つけることができるのであれば、そのようなマネジャーに運用を任せるべきでしょう。しかし、長期投資においては、アクティブ運用は勝ったり負けたりすることになり、平均的にはコスト控除後で市場平均に勝つことは困難であるという研究が多くなされていることも事実です。これが、パッシブ運用中心のＥＴＦのみを使う理由です。

「任せる運用」の最大のリスクは、以上のようなロボアドバイザーのサービスの本質を理解しないまま、「任せる運用」のサービスを利用することです。短期的な利益をあげてほしいというニーズをもつ人は、このようなサービスを利用すべきではないといえます。

6 ポートフォリオのメンテナンス

運用を任せる場合、任せた後、どのように継続的に運用してくれるのか不安を感じる方もいるかもしれません。そこで、どのようなタイミングでポートフォリオを見直すべきかについて、考え方を示します。

ポートフォリオを見直す必要が生じるのは、次の二つの場合と考えられます。

① 各投資家の状況（年齢、家族構成、職業、資産など）が変わった場合

② マーケットの状況（資産の期待リターン、リスクなど）が変わった場合

一つ目の投資家の状況の変化については、年齢が高くなる、収入が上がった（下がった）、子どもが産まれた、退職したなど、各個人の置かれている状況が変化したときにポートフォリオの見直しが必要になります。それらの状況の変化に伴い、資産運用に対する目的や制約条件も変わってくるからです。その状況に応じてポートフォリオを最適化し直すことが必要です。

二つ目のマーケットの状況変化については、たとえばＥＴＦの流動性が大きく下がってしまう、金利水準が大幅に低下（上昇）したといったことも起こりえます。直近では、日本銀行のマイナス金利政策に伴う金融機関の金利見直しや、イギリスのＥＵ離脱に伴う為替や株価の乱高下などがマーケットの大きな変化としてあげられます。この

ような場合に備えて、定期的にポートフォリオの見直しをする必要があります。

さらに、各投資家の状況もマーケットの状況も変わらないにもかかわらず、株価の上昇（あるいは下落）等によってポートフォリオ内の資産配分が当初に最適化したものから乖離してしまう場合もあります。たとえば株価が大きく上がれば株式への配分が当初に比べて高いポートフォリオになってしまっているはずです。この場合も、元の最適なポートフォリオに修正することになります。その理由は、状況が変わっていないとすれば、当初構築したポートフォリオが依然最適であるはずだからです。

7 今後の資産運用における二つのポイント

これからの日本における資産運用について考えるうえで、二つのポイントがあります。本章の冒頭で説明したことのおさらいとなる部分もありますが、あらためて整理しておきます。

一つ目は、少子高齢化です。今後、日本の経済成長率が劇的に高まることは当面ないと考えられるでしょう。かつての高度成長期のように、一〇％を超える成長率を記録することはもはや考えられません。時代は「人口ボーナス」から「人口オーナス」に切り替わっています[10]。

国内の多くの製造業は、工場を海外に移しましたが、円安になっても工場を国内に戻す動きはあまり広がりません。それは、工場を戻しても国内にはもうマーケットが多くないと考えているからです。

ものづくりのプロからは怒られるかもしれませんが、日本は、製造業による稼ぎだけに期待するのではなく、資産運用を通して稼ぐことも考えていかないといけない状況に来ています（製造業の重要性を否定するのではなく、それだけで食べていけるのかどうか、という話です）。

いまの日本の何が優れているかというと、それは金融資産の規模です。経済の規模では中国に抜かれましたが、個人金融資産の規模で

[10] 人口ボーナスとは、一五～六四歳の生産年齢人口が増えて経済成長が後押しされる状態を指す。一方の人口オーナスとは、生産年齢人口が減少し、それ以外の幼年人口と老年人口が増加する状態を指す。

は、日本は世界第二位です。貯め込んだ金融資産をいかに効果的・効率的に使えるかが、日本の生命線といっても良いと思います。各個人の資産運用の巧拙が日本経済の発展に直接影響するのです。

二つ目のポイントは、団塊の世代の大量退職です。団塊の世代とは一九四七（昭和二二）～一九四九（昭和二四）年に生まれた人たちです。退職金と時間を手にした団塊の世代は、日本の経済成長を支えた世代であり、経済・金融に対するリテラシーが非常に高いといえます。さらに、インターネットもそれなりに使えるし、メールもできる。グローバル化にも親しんでいます。団塊の世代以前の高齢世代との最大の違いはここにあります。これまでは、時間とお金はあってもリテラシーがありませんでした。だからたとえ割高な金融商品であっても、売り手の薦めるとおりに買ってきたのです。そのような時代は終焉を迎えようとしています。お金があり、時間もあり、リテラシーも高い人たちが資産運用の世界に本格参入してくることで、資産運用業界は劇的に変わることが期待されています。

8 若者の資産運用と高齢者の資産運用

団塊の世代が資産運用業界に大きな影響を与える一方で、若い世代の資産運用がどうなっていくのか考えてみましょう。

労働環境の変化により非正規雇用の比率が高まり、生活するためのお金を稼ぐのがやっとだという人が増えています。資産運用に回す余裕などなければ、将来的には資産運用業界が縮小していく可能性があります。

ただ、最近の若い人は、将来の年金制度に対して非常に悲観的な見方をしています。そうなると当然自衛策を講じる必要があり、そのための資金はひねり出すのではないでしょうか。少ない手元資金を運用に回すには、よりコストが低く、より効率的な運用に向かわざるをえません。

もうひとつ、相続の問題もあります。いまの日本では、六五歳以上の世代が最もお金をもっています。すると、今後は上の世代が下の世代にお金を渡していく構図ができてきます。政府も教育資金贈与の非課税制度など高齢世代から若い世代への資産の移管を進める政策を推し進めています。いまの三〇代ぐらいの世代が相続でお金を受け取ったときに、新しい運用ニーズが発生します。

若い人たちが資産運用の必要に迫られたときに、どのような行動を起こすのか。ＩＴリテラシーが高く効率性を求める世代が、証券会社の営業店に足を運んで、販売員からの質問に答えて運用先を決めるといったことはなかなか想像がむずかしいのではないでしょうか。ロボアドバイザーはこれらの若い人たちのニーズに応えていくことになるでしょう。

いま、将来のお金の運用責任とリスクがどんどん各個人に下りてきて、自己責任を求められる時代になっています。これまでは単品の金融商品をそのつど選ぶということが多かったはずです。しかし、運用全体の責任を負った場合、全体のポートフォリオをどう構築・管理していくのかといった視点が必須になります。ところが、これまでは個人投資家にとって、ポートフォリオを構築する機能が欠落していました。トータル・ポートフォリオという選択肢が提供されてこなかったことに問題があったのです。このように資産運用のトータル・ソリューションを提供できる存在がなかったなかで、ロボアドバイザーによるサービスに対するニーズが高まっていくと考えています。

ここまで、資産運用の考え方について述べてきましたが、退職後には、個々人において、人生の最後を見据えてどのように着地していくのか、どうお金を取り崩していくのか、という問題も重要です。言い換えればキャッシュフローの管理が重要ということになります。

お金をどのように取り崩していくのかを考えていくうえで、保有資産をアニュイティ[11]に切り替えるという選択肢が一つの基準になると思います。十分に高いキャッシュフローをもたらすアニュイティをもてば、それで生涯安心できるからです。しかし、アニュイティについては日本ではまだ民間の商品も多くなく、先進国のアメリカでもそのコ

[11]　一定額のお金が生涯にわたって継続して支払われるような金融商品で、公的年金はアニュイティと考えることができる。

ストの高さや、財産を残したいという要望から、その普及は予想を下回っているといわれています。しかし、長寿社会においてその重要性は否定できません。お金のデザインの運用は、退職後の投資家に対して、ある意味でアニュイティの代替を提供することを目指しているといえます。リスクをとって資産を増やすということに重きを置くのではなく、できるだけ安定したインカムを提供し、同時に生涯を終える前に資産の枯渇を防ぐことを目的としています。そのため、ポートフォリオの組成にあたっては、それぞれの個人の状況にあわせながら、安定したインカムを中心に考え、それに成長やインフレヘッジを組み合わせたものになっています。

第2章

お金のデザインの誕生とフィンテック・イノベーション

株式会社お金のデザイン　代表取締役社長
廣瀬　朋由

◆この章のポイント◆
- 日本の投資家はこれからどのような投資スタイルを選択すればよいのか
- 投資家本位のサービスを立ち上げるまでの苦労とは
- スタートアップ企業の強みとは何か

1 日本の資産運用の状況（預金、株式、債券、不動産等の配分）

フィンテックをきっかけに本書を手にとってくださった方に向けて、金融にまつわるさまざまなサービスがあるなかで、なぜ資産運用の分野で新しいサービスを展開する必要があるのか、その問題意識をお伝えしておきたいと思います。

まず、日本人の資産運用の変遷について考えてみます。実は、歴史的にみて個人投資家がいちばん賢い投資をしているといえます（図表

２―１）。バブルの時期（一九九〇年前後を境）に、日本の家計部門の資産において、非金融資産である不動産と金融資産の保有比率が逆転しています。不動産を売ったのは個人で、購入したのは企業です。結果としてその企業の財務健全性が失われてしまった結果、バブルの崩壊につながったのです。個人投資家は、経済の大きな転換点のなかで、非常に賢明な投資行動をしていたことになるわけです。

バブル期の個人投資家は不動産を売却し金融資産に変えましたが、その多くが現預金でした。その後、今日に至るまで個人の金融資産全体における現預金の比率は五～六割くらいを推移しています。個人が選択した円の現預金も、結果としてはバブル崩壊後二〇年間円高で、株式市場の低迷が続いていたことから、金融資産内での個人が選択した投資行動も最善であったことになります。日本の個人投資家は、保守的で非効率な行動をしていると思われがちですが、長期的に俯瞰してみると、実は賢い投資行動をしてきたといえるのではないでしょうか。

[金融資産の内訳]

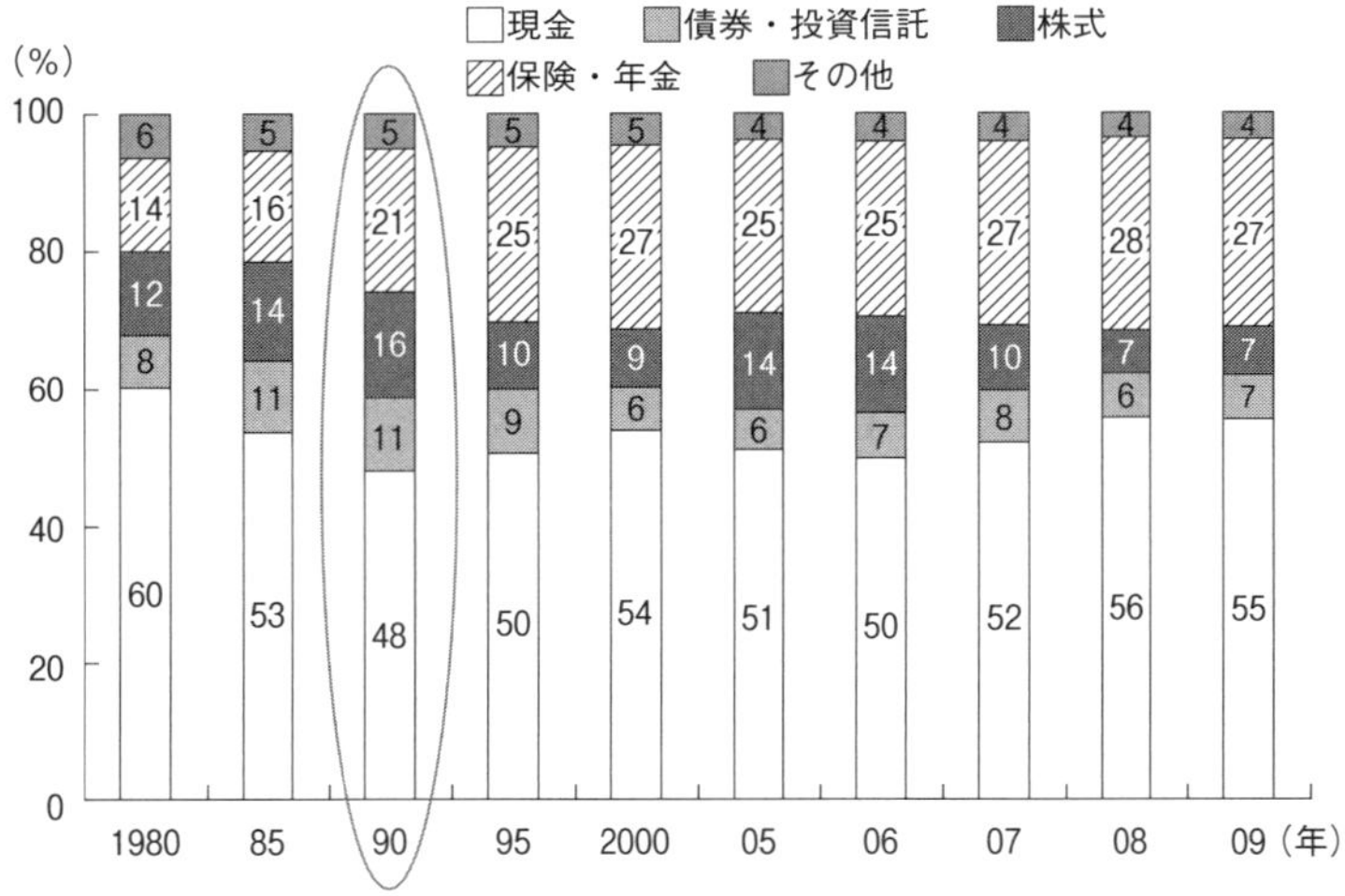

[家計の金融資産]

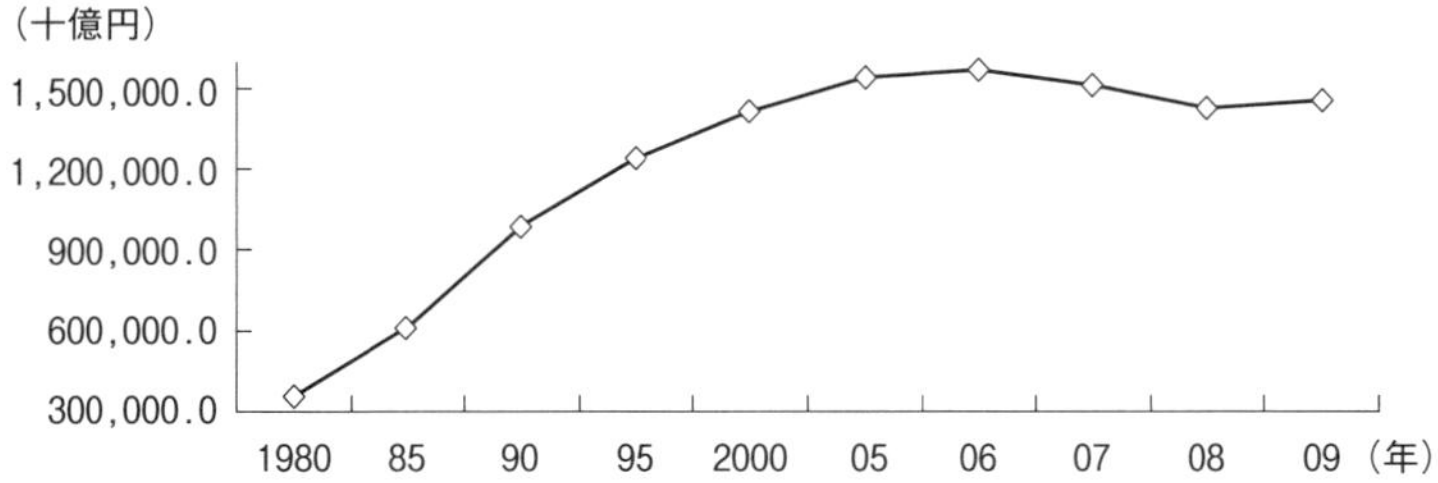

・有価証券は、210兆円で、金融資産の14%、全資産の８%にすぎない。
・個人に対するサポートは、金融資産のみに対するものでは、十分といえない。

図表2－1　家計部門の資産配分の推移―賢い個人投資家

[金融資産 vs 非金融資産]

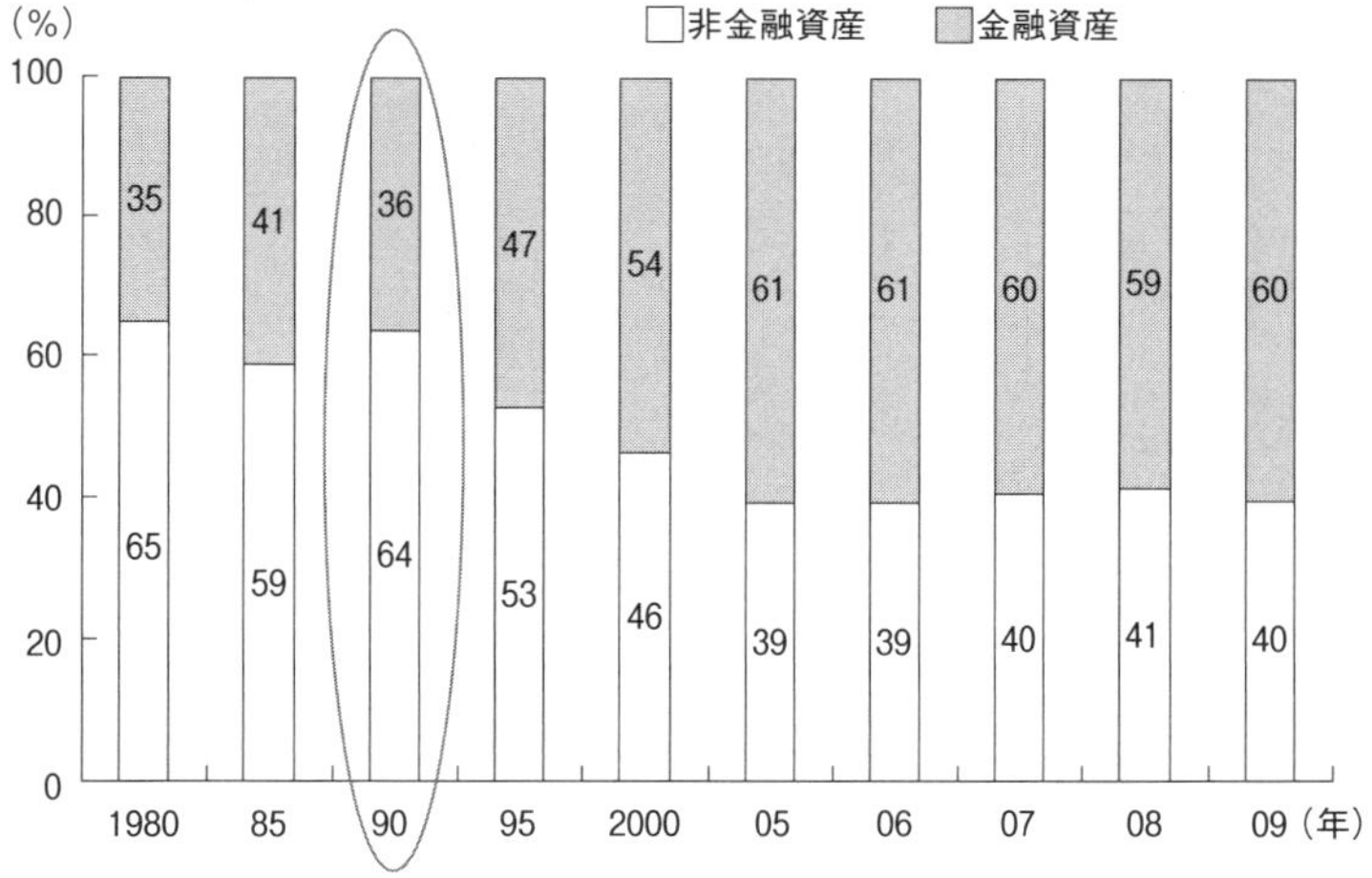

[家計全体の資産（金融資産および非金融資産）]

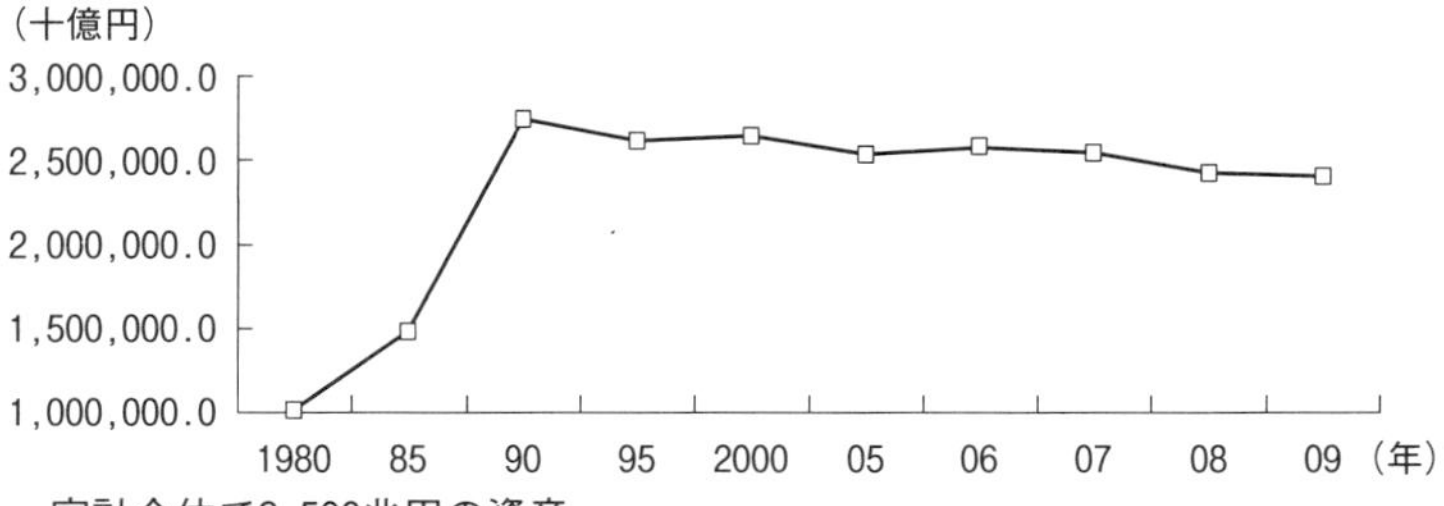

・家計全体で2,500兆円の資産
・1,500兆円（60%）が金融資産、1,000兆円（40%）が不動産
・不動産ウェイトの低下の原因は、バブル崩壊による価格の下落と流動化による金融資産へシフト
・不動産も金融資産化

（出典）　政府統計等より筆者作成

ところが、二〇一二年を境に、為替の方向が円安に転換し始めました。この年が日本の人口減少という兆しが顕在化した年であることとは、偶然の一致ではないと思っています。いわゆる人口動態変化という社会現象の大きな転換点で、それは、今後の日本経済の成長鈍化ということにもつながってくるのではないでしょうか。

このことは、名目の資産保全の時代から、実質の資産保全（言い換えると、購買力の維持）を念頭においた資産形成の時代に入ったということを意味します。具体的には、米国ドルと円の関係でいいますと、二〇一二年には一ドル＝七六円だったのが、本書執筆時点（二〇一六年七月現在）では一ドル＝一〇五円になっています。そのため、輸入されるものの値段は、原産地（ここではアメリカとします）では値段が変わっていない場合でも、日本に輸入される円ベースでの価格は上がってしまうということです。二〇一二年以降、日本円は、米国ドルのみならず多くの通貨に対して円安でした。

それでは、今後日本の個人の金融資産の配分はどのように変えてい

図表２－２ 個人での自立した資産運用管理

金融資産構成の見直し（安全資産からリスク資産へ） マイナス金利の新環境 まずはヨーロッパ型へ向かい（リスク資産：29%へ） 最終的にアメリカ型へ（リスク資産：52%へ）

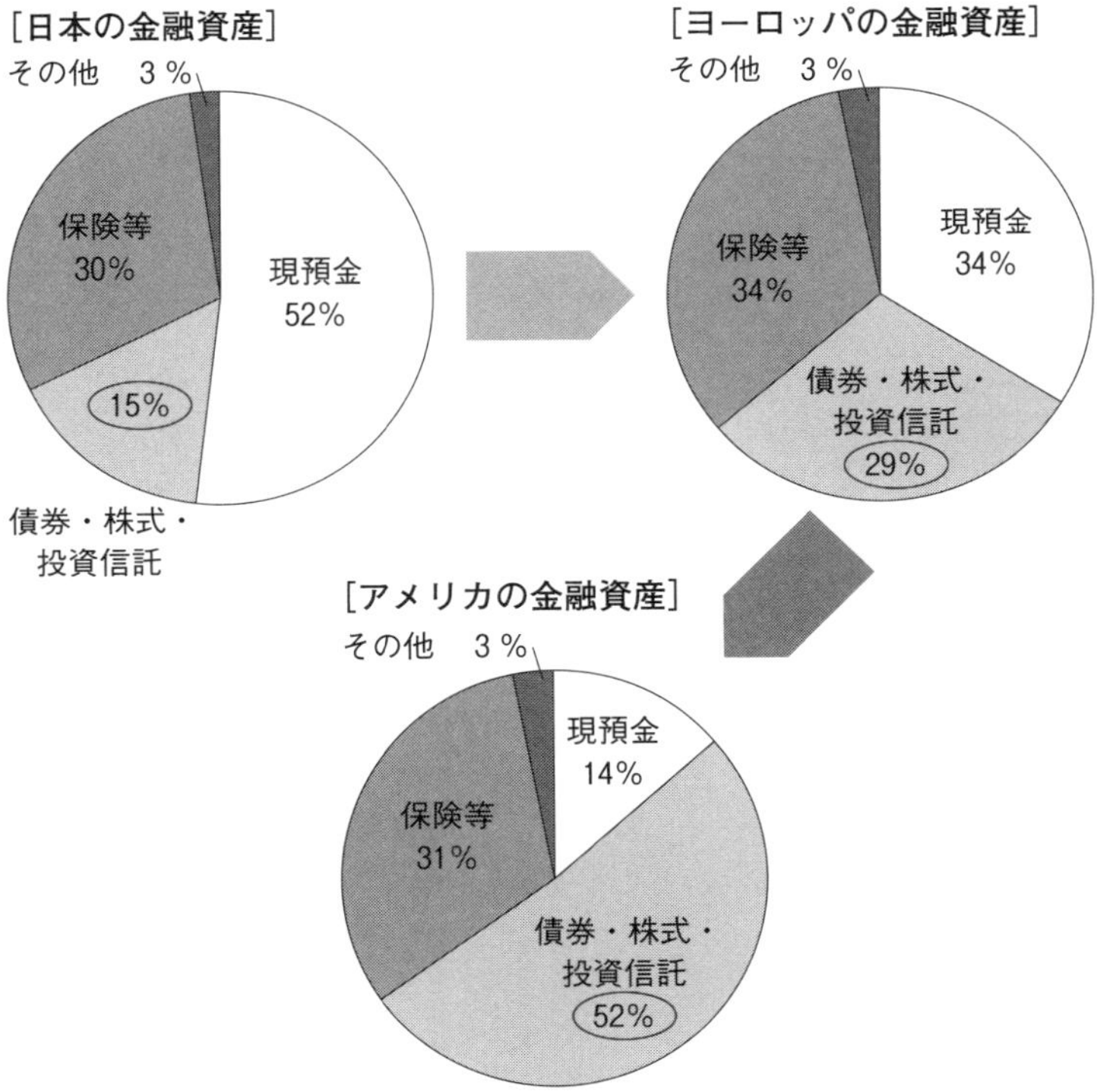

（出典） 日本銀行調査統計局「資金循環の日米欧比較」2016年９月29日

けばよいのでしょうか。一つの解決策としては、現預金（具体的には、円預金）の金融資産全体に対する比率をいまより減らす方向があるだろうと考えています。日本の金融資産の額は現在およそ一七〇〇兆円となっており、そのうちの五二％が現預金です。一方、リスク資産（債券・株式・投資信託の合計）の比率は一五％です（図表2－2）。これがヨーロッパだと、現預金とリスク資産の比率は三四％に対して二九％。アメリカでは、その比率は、現預金一四％に対してリスク資産が五二％です。つまり、アメリカと日本は、現預金とリスク資産との比率が正反対になっています。長期的には、おそらく日本はアメリカ型金融資産構成に移行するのだろうと思います。いまはその過渡期であり、当面は、そのアメリカと日本の中間であるヨーロッパ型金融資産構成に移行していくと考えています。近隣諸国である台湾や韓国も、すでにリスク資産が金融資産全体に対してそれぞれ三九％、三一％を占めています（図表2－3）。現預金が少なく、リスク資産が多いというのは、居住している自国になんらかの懸念

図表2－3　個人の金融資産構成の海外比較

諸外国は、資産保全のため積極的なリスク資産への投資をしている

[個人の資産運用で先行する欧米諸国]

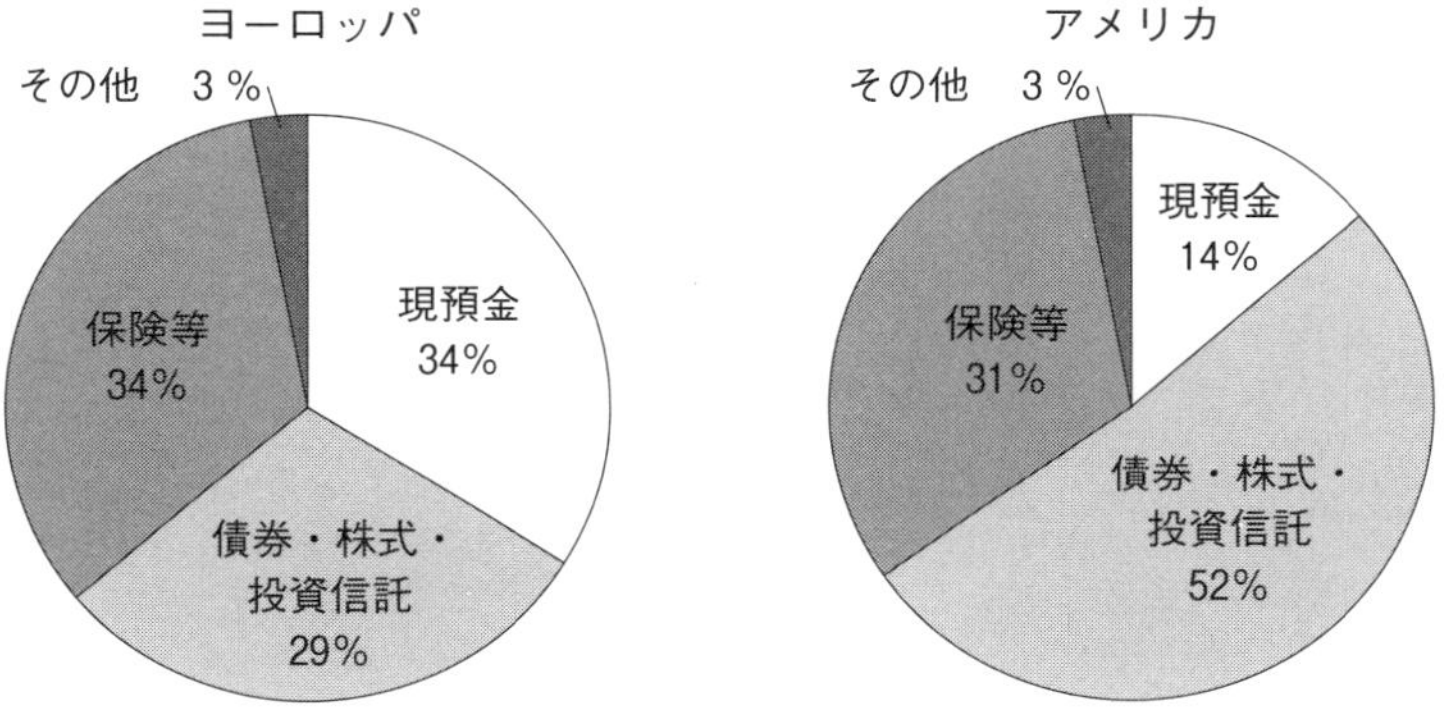

[欧米資産運用に追随するアジア新興国]

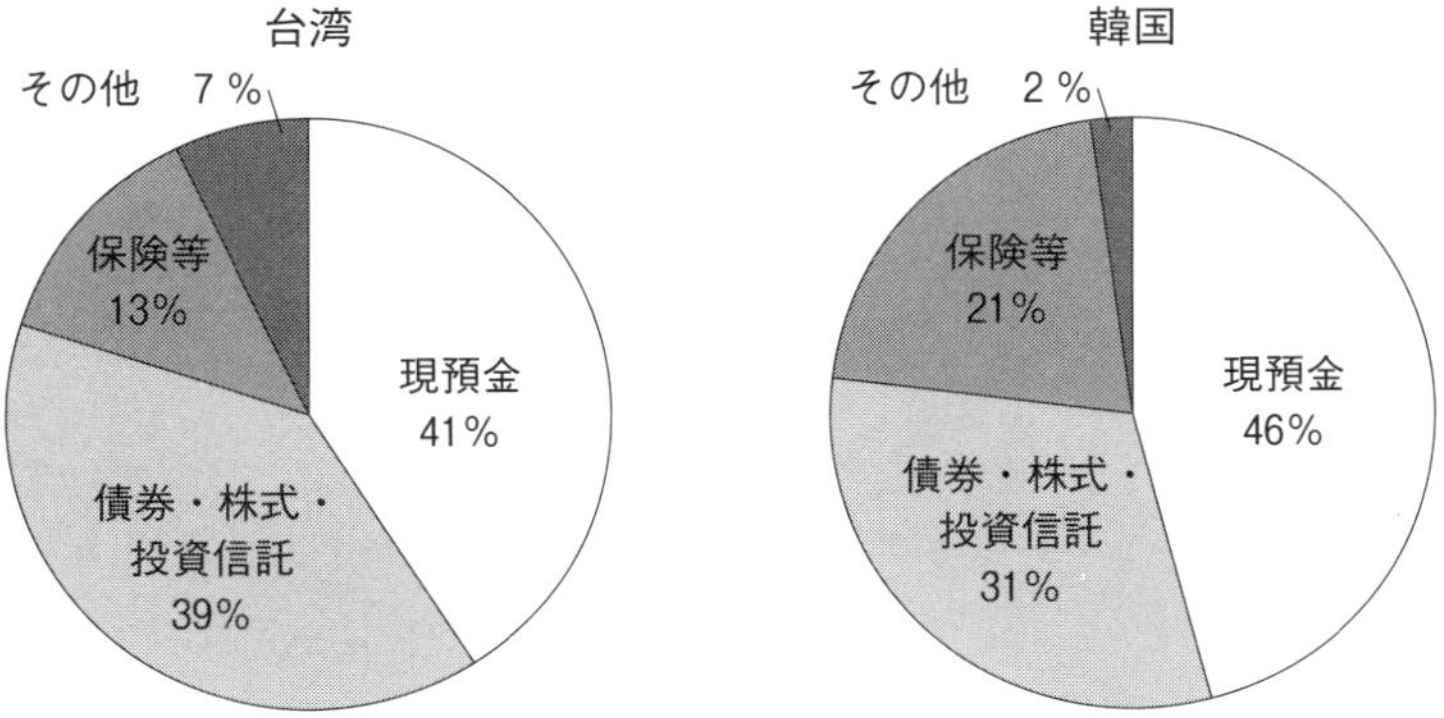

（出典）　日本銀行調査統計局「資金循環の日米欧比較」2016年9月29日
（ただし、台湾・韓国データは、2010年12月）

(たとえばインフレ、国家財政の悪化、自国通貨安、経済成長鈍化等)を感じているからこそ、あえてリスク資産に投資せざるをえないのだと思います。

別の視点から、日本の個人の金融資産構成比でリスクと考えられるのは、現預金の比率が高すぎるという点のみならず、外貨資産の比率が約二・五%というきわめて低い水準にとどまっているということです(図表2―4)。つまり個人の金融資産の九七・五%が円資産ということなのです。これは、日本経済に対する絶大な信頼を感じているからこそとりうる資産選択です。ただ、本当に将来の日本経済は、それほどまでに信頼できる環境なのでしょうか。人口減少とそれに伴う経済鈍化、急速な高齢化における年金制度の危機、さらには国家財政の悪化など不安要素を抱えているのが日本社会です。この危機感に、賢い投資家である日本の皆さんが気づかないままでいるでしょうか。私は、いずれどこかの時点で日本の賢明な個人投資家は、大きく金融資産の配分を動かしていくのではないかと考えています。それは、バ

図表2－4　個人が抱える課題

円建て・リスクフリー資産への過度な集中

[個人金融資産における外貨建て資産比率]

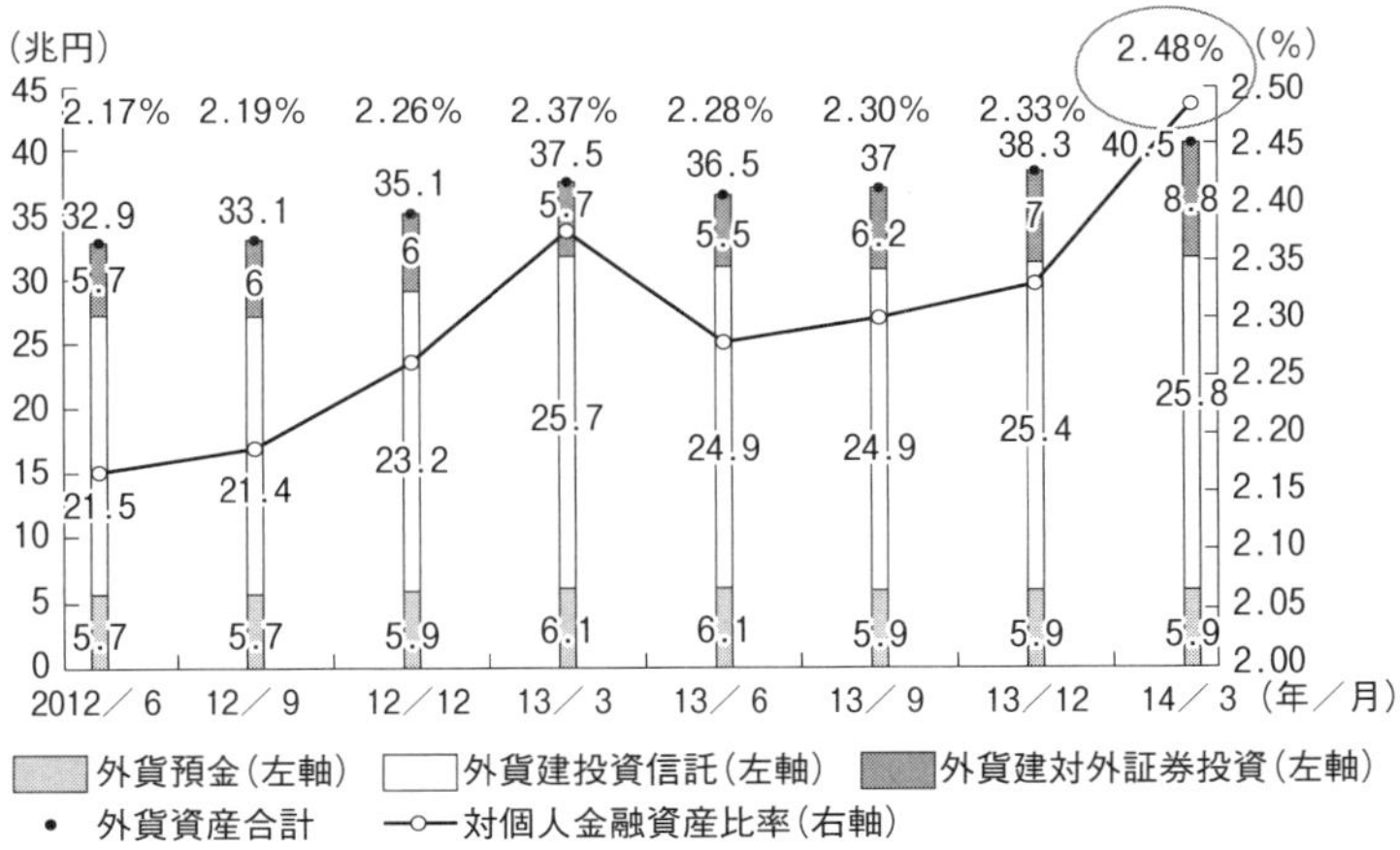

[日本の個人金融資産]

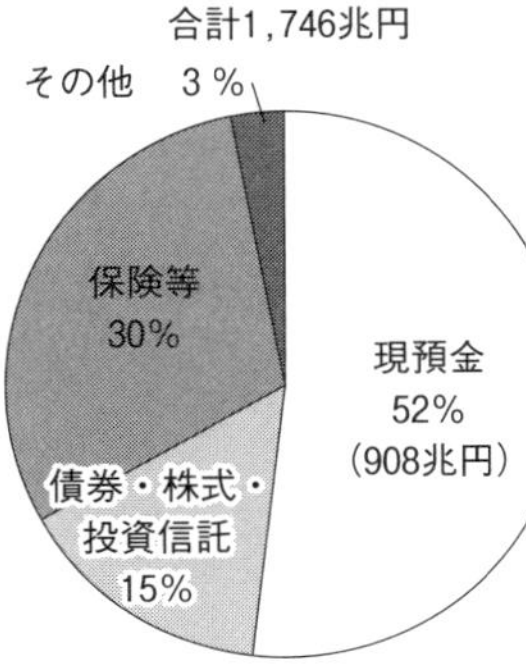

- 円建て資産：97.5%、現預金：52%
- 円建て・低金利商品はインフレ・ヘッジができない
- リスクフリー・低金利資産への過度な集中の是正が急務

（参考図表）　http://www.boj.or.jp/statistics/sj/sjexp.pdf

（出典）　日本銀行調査統計局「資金循環統計（2014年第1四半期速報）」2014年6月18日

日本銀行調査統計局「資金循環の日米欧比較」2016年9月29日

ブル期に資産配分を不動産から現預金に移行するという賢明な判断をしたのと同じです。

日本の将来がバラ色ではない環境下、日本そのものが有するリスクを回避するための解決策は、お客さまからお預りした金融資産の資産価値（購買力）保全をしていくということです。そのためには、地球全体の資産を地球全体に存在するのと同じような比率でグローバル投資するというのがわれわれの運用の考え方です。一般的に投資の世界では、ホームカントリーバイアス[1]というのがありますが、われわれの運用の考え方にはそのようなホームカントリーバイアスはありません。本来の資産形成のあるべき姿は、いまどこに移り住んでも、同じ生活水準を保てる金融資産を構築するということではないでしょうか。いちばん重要なことは、お客さまが一生懸命働いたことの成果物である金融資産をお預りして、その後はお客さまの時間を煩わすことなく、資産価値（購買力）保全という運用目的をもって、将来に備えた運用をするということです。このことによりお客さまは、いまやり

[1] 投資家がさまざまな理由によって海外投資に慎重になり、自国投資が大きくなる行動パターンのこと。

たいことに集中することができ、より充実した生活を営むことができるのではないかと思っています。

たとえば仕事を辞めて引退するときに、預けたときの資産価値（購買力）と同じ価値になって資産が増えていれば、先々の心配はなくなります。結果として、名目の金額が増えていれば投資で儲けたことになるかもしれませんが、それは儲けたのではなく、資産価値（購買力）が保全されたということです。証券投資でよく耳にする、「われわれは、一年でこれだけ儲けました」というような運用スタイルではなく、資産価値（購買力）保全という地道な長期の運用スタイルをとっています。

言い換えれば、資産を預った時点では一〇〇万円で買えたものを、三〇年経っても同じものが買えるように、金融資産を増やすための運用をするということです。具体的には、インフレ率が三％の場合、三〇年後の資産は、当初一〇〇万円であったものが二四〇万円にならないと、結果的に同じ資産価値にはなりません（図表2－5）。アメ

図表２－５　インフレ・リスク―資産価値の保全とは

インフレが起こることによって、お金の「価値」は減価

インフレ率	今の価値	10年後の価値	20年後の価値	30年後の価値
狂乱物価時(注)	1,000,000	450,000	200,000	90,000
２％	1,000,000	820,000	670,000	550,000
３％	1,000,000	740,000	550,000	410,000

現金で資産を保有するとその価値は、
インフレ率**２％**なら**30年後**に
インフレ率**３％**なら**20年後**に
→ **ほぼ半分になる**

（注）1973年１月～1983年１月の日本の10年を意味する（年8.3％のインフレ）。

リカの労働省のサイトでは、「銀行預金を預けるとインフレに負けて将来大変なことになります」と、しっかりと警告されています（図表２－６）。

資産価値（購買力）保全のために、地球全体に投資するグローバル投資を行うことについて、それを経済成長の指標であるＧＤＰの観点から考えてみたいと思います。日本にのみ投資するというのは、結局日本のＧＤＰ成長率に依存した投資収益率になりま

図表2－6 インフレ・リスク—アメリカ労働省による注意喚起

アメリカでは、労働省のホームページがインフレ・リスクへの注意を喚起

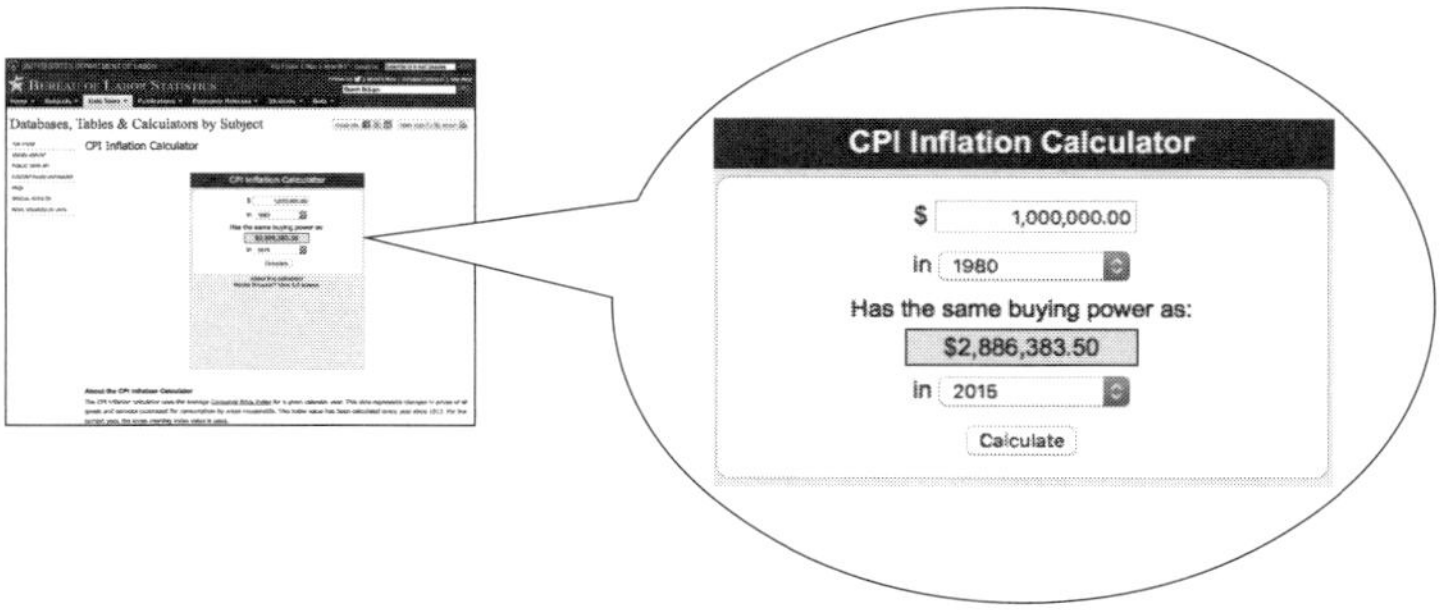

1980〜2015年（12月1日基準）、アメリカのインフレ率は年間3.1％
1980年にもっていた100万ドルは、運用して2014年までに289万ドルに増やさないと同じ価値を維持できないことになる

（出典） http://www.bls.gov/data/inflation_calculator.htm

す。日本のGDP成長率は、〇・三〜一・〇％（図表2—7）しか見通せないのです。しかし、世界全体の経済成長率は三・五％近くあり、日本と世界との経済成長率の間に大きな開きがあります。世界全体の経済成長率に対して投資をすることは、日本にしか

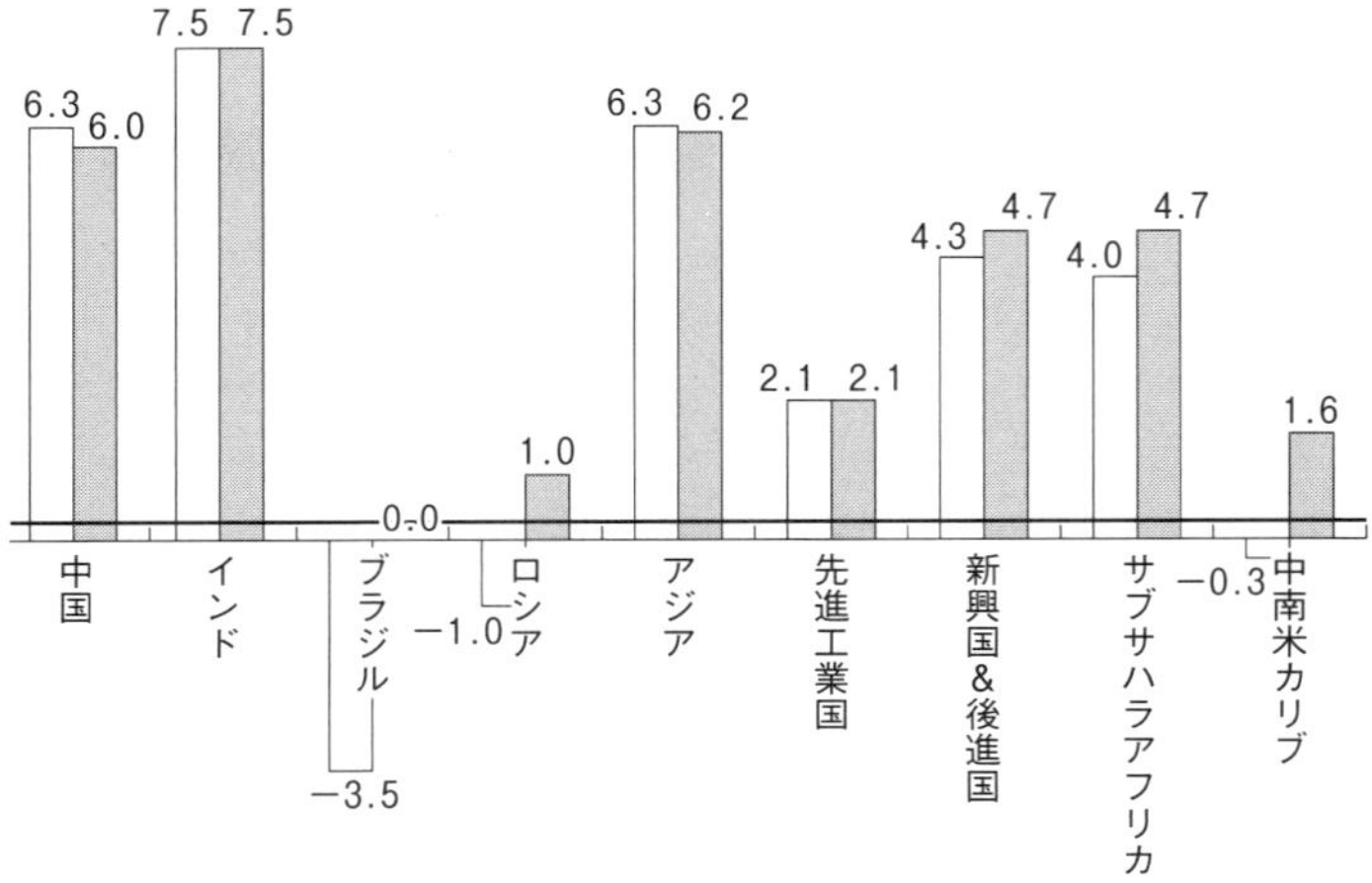

投資しないことに比べて有利であり、それが結果的に長期的な資産価値（購買力）保全になると考えています。

資産価値（購買力）保全のために運用をするといっても、個人投資家はそれぞれがいまやりたいこと、あるいはやらなければいけないこと

図表２－７　低成長リスク

世界の市場の成長に負けないために、世界のETFで分散投資

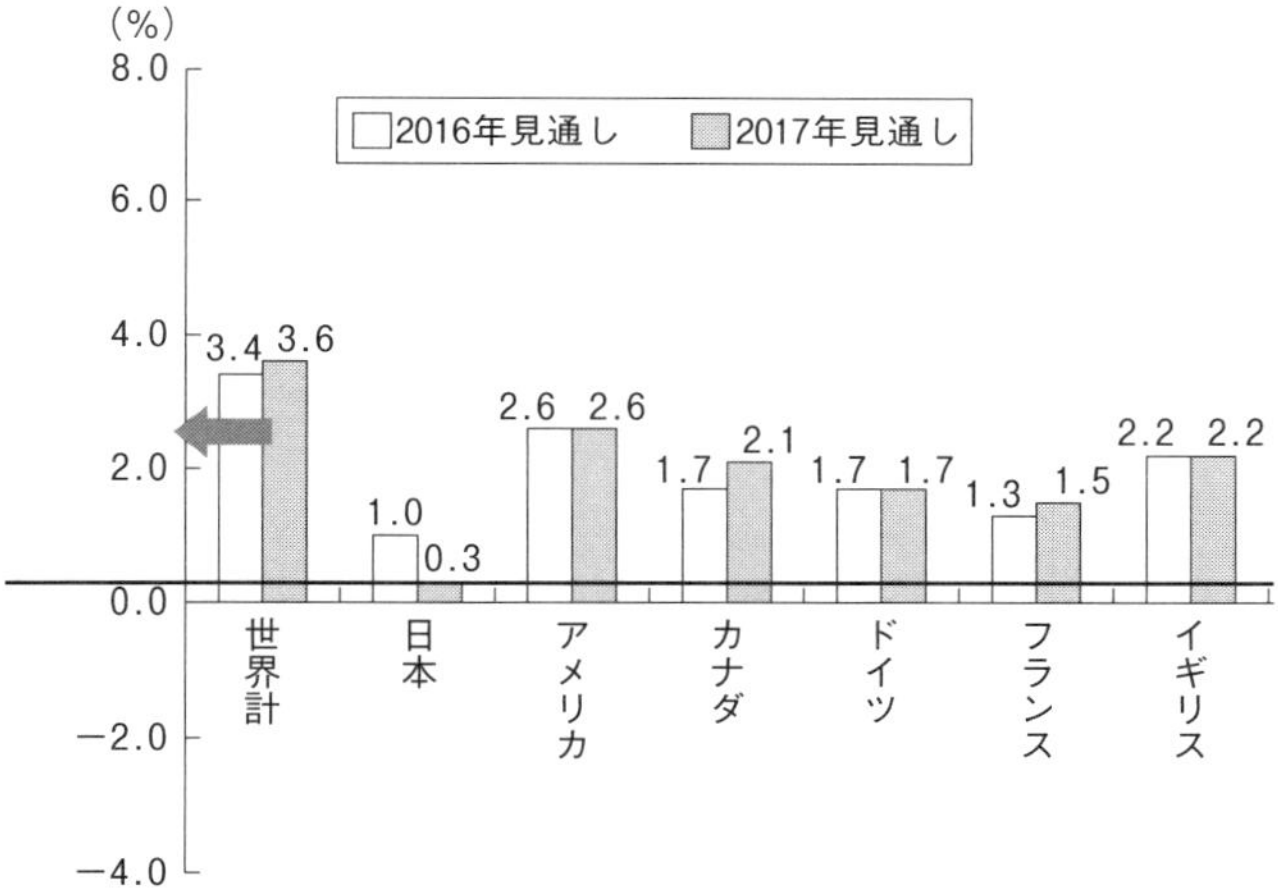

（出典）　IMF "World Economic Outlook Update"（2016年１月）

（仕事など）をもっているため、将来の資産形成のために割ける時間はまったくない、あるいはほとんどないといっていいのではないでしょうか。つまり、自分でできないならば、人に任せるしかありません。人に任せる運用（投資一任運用）は、まだまだ日本では

定着しているとはいえません。ところが、日本の機関投資家ビジネスに目を向けると、(民間・公的も含め) 年金基金では、資産運用はプロフェッショナルである投資一任会社にほとんど例外なく任せています。アメリカでは、機関投資家のみならず個人の顧客に対しても、人に任せる運用が進んでいます。[2] 図表2−8をみるとわかるとおり、Wirehouseという大手の証券会社の投資信託を含む有価証券受託残高が縮小している一方で、RIAのその受託規模は拡大し続けています。証券会社の場合、一般的には証券売買・投資信託の選択もお客さま自らが実行することになっており、アメリカにおいても自分で売買発注、投資信託の設定等を実行することが面倒だと思われる方が増えているようです。一方RIAは、日本でいうところの運用会社であり、お客さまごとの運用方針をオーダーメードで設定し、その後は投資銘柄・売買実行・銘柄の入替え等は運用者に任せるということで、お客さまの負担もはるかに軽くなっていることから、近年その市場規模が大きくなってきたのです。さらには、増加の要因がもうひとつあ

[2] RIA (Registered Investment Advisory) と呼ばれている。

るといわれています。人に任せる運用の報酬体系は、一般的には預り資産残高に運用報酬率を乗じたものとしています。運用会社からすると、長期的な契約が維持され、かつ資産残高が増加すれば運用報酬も増えるということから、お客さまと運用会社とで利害が一致します。そのことにより、お客さまは安心して人に任せることができ、任せる運用（投資一任運用）がアメリカで普及したともいわれています。

以上のことから、個別のニーズにあわせた資産形成をお客さまの負担を増やすことなく、お客さまとの利害が一致する報酬体系にすることにより、長期的な信頼関係に基づく運用サービスを提供することが、日本の個人投資家に要望されていることなのではないかと考え、任せる運用というビジネスモデルを始めました。

アメリカでの過去5年での最大の伸びを示すリテールチャネルは、

残高ベースでの運用報酬体系の投資一任（RIA）

ベビーブーマーの大量退職によるさまざまな資産運用ニーズの顕在化

→レディメイド型の投資信託では、ニーズに対応できない

投資信託販売を主とした証券チャネルによる個人の資産残高の伸びは、マイナス

[アメリカリテールの市場規模および成長率（2007〜2012年の5年間）]

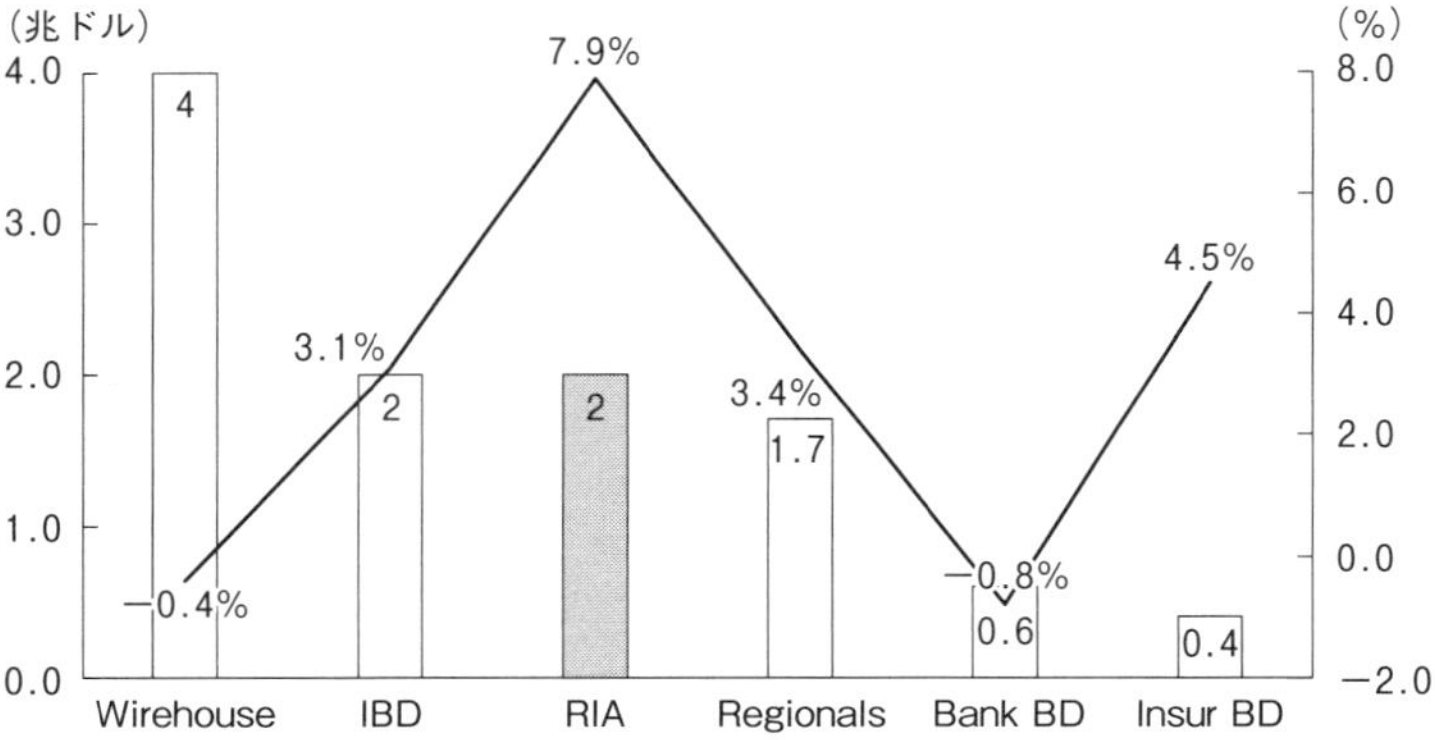

（注2） 2011年値は6月末現在。2012〜2014年の予想残高はCerulli Associates推定。

（出典） Cerulli Associates, SIFMA, FRB資料よりNRIアメリカ作成（左ページ）

Cerulli Associates（右ページ）

図表2－8　運用一任（Managed Account）の実態（アメリカ）

人に任せる運用がアメリカでは普及

アメリカのMA（注1）残高（400兆円）／リスク性金融資産（2,700兆円）の比率⇒15％

[米国マネジドアカウント残高（1994～2011年6月末）と残高推移予測（注2）（2012～2014年末）]

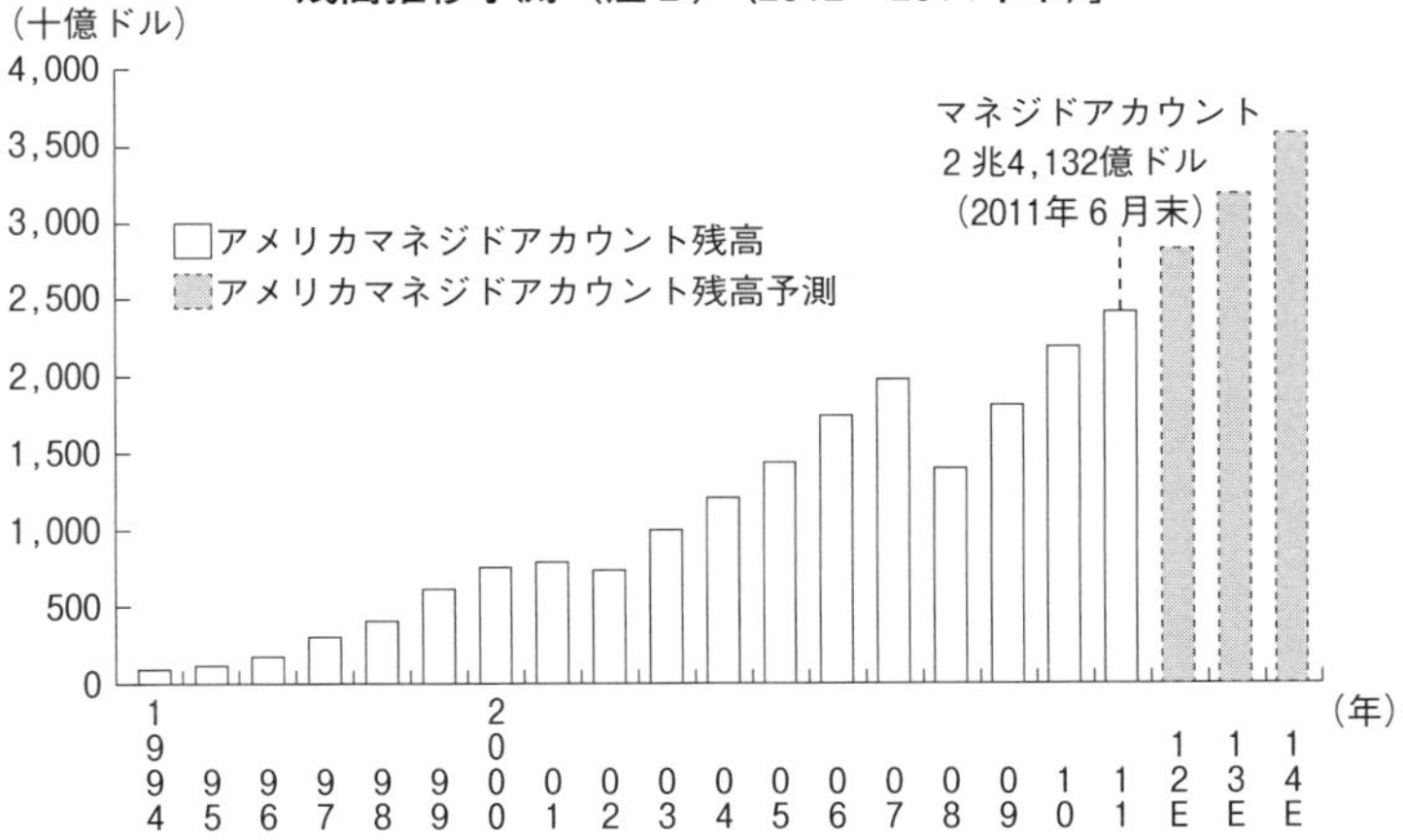

（注1）　MA：残高ベースの運用報酬をベースとしたRIA（Registered Investment Advisory）と売買手数料をベースとしたIBD（Independent Brokerage Dealer）の両者を含み、双方とも、日本における「MA（投資一任運用会社）」を指す。

2 「貯蓄から投資へ」の動きをどうみるか

「貯蓄から投資へ」というスローガンがたびたび唱えられているように、政府当局・民間が一丸となって、個人投資家の育成を促す動きが広がっています。二〇一四年にはＮＩＳＡ（少額投資非課税制度）が始まり、その後も非課税投資枠の拡大、未成年者向けのジュニアＮＩＳＡが始まるなどの変化がありました。

ここで、「任せる運用（投資一任運用）」と、国が進める投資を活発化させるための施策との関係性について、説明したいと思います。

まず考えておかないといけないのは、ＮＩＳＡというのは時限立法だということです。毎年新たに一二〇万円の非課税枠が追加され、非課税の期間はそれぞれ最大五年間ということですが、五年先がどうなるかというのは、実はまだみえていません。そのため、ＮＩＳＡがどうなるかというよりは、まずは、長期の資産形成としてＮＩＳＡは十分な解決法なのかという点から考えたいと思います。

ＮＩＳＡの問題点の一つは、途中で投資信託等の有価証券を売却した場合は、非課税枠を使ったとみなされ、再利用ができなくなることです。つまり、投資銘柄を入れ替えることができなくなります。これは、従来の証券会社や銀行では、投資信託等を頻繁に入れ替えることによって販売手数料収入を稼ぐ営業をしていた実態を受け、これを回避するため、ＮＩＳＡでは投資して保有するという一方向だけにし、回転売買での手数料稼ぎを回避することが主な制度目的であったからです。その目的自体は正しいと思うのですが、当初投資した投資信託等を保有したままでいることが、五年もの間、お客さまの投資目的と本当に合致しているのかということは疑問です。特に、お客さまのニーズが五年の間に変化した場合、対応する術をもちません。投資目的が変わったにもかかわらず、非課税枠を有効に使いたいということだけのために、当初どおりの投資信託を五年間保有せざるをえないとすれば、お客さまにとっては最良の選択にはなりません。

逆に、証券会社や銀行にとっては、五年間は間違いなくお客さまに商品を保有し続けていただけるので、こんなに安定したビジネスはありません。

運用している以上、運用期間中は常にお客さまの運用目的に合致したものでない限り、満足していただけるようなサービスを提供することはできないと思います。それには、適宜投資銘柄を入れ替えることができないといけないと考えています。上記の問題を解決するべく、一定の投資期間を決めているターゲット・デート・ファンドのような投資信託があります。お客さまは投資信託を保有したまま、あらかじめ決めた運用目的に従って、投資信託に組み入れる銘柄を適宜入れ替えながら運用するものが提供されているようです。確かに一つの解決策ではありますが、そのような投資信託であっても、お客さまのニーズが大きく変わった場合、やはり保有し続けることには、お客さまによって保有リスクがあるのではないでしょうか。お客さまの置かれた環境が大幅に変更してしまった場合には、解約して非課税枠を放棄するしかなく、本来の制度の趣旨を生かせないように思います。

一方、非課税枠を放棄したくないがために保有し続けることで、結果としてお客さまの期待した運用でなかった場合、「貯蓄から投資」の動きに水を差すことにならないか懸念しています。

ＮＩＳＡではあまりにも非課税効果を強調しすぎて、お客さまのニーズにあったカスタマイゼーションであるとか、サービスの向上といったところに対応できていないのではないかと感じます。ＮＩＳＡは、投資信託を回転売買することによって得られる販売手数料の収益を重視してきた従来の悪癖を是正することにはなるけれども、新しい悪癖、すなわちお客さんが非課税枠を放棄する以外では商品を解約できない、商品を変えられないという悪癖を残したのかもしれません。

3 お金のデザインのビジネスモデルとは

これまで、資産運用の新しいビジネスを立ち上げるうえでの経済・

運用環境、および運用ビジネスの慣行における問題意識をお話してきました。ここからは、スタートアップ企業としての「お金のデザイン」を立ち上げるまで、そして立ち上げてからの話に移ります。

まず私自身の話になりますが、おそらく平均的な起業家のスタートよりも遅く、五〇歳代でお金のデザインという会社を立ち上げました。

株式会社お金のデザインは、二〇一三年の八月に谷家衛[3]とともに設立しました。二〇一四年五月に、東京大学エッジキャピタル（UTEC）、京都大学と連携しているみやこキャピタルが運営する投資組合から増資をしていただき、資本金・資本準備金を含め三億三〇〇〇万円となり、営業の基盤を整備することができました。産学連携によるベンチャービジネスを開始できたことにより、「金融サービスの民主化」をわれわれのミッションとして歩み始めることができたのです。

「金融サービスの民主化」というと、

① 金利の自由化
② 証券売買の売買手数料の自由化

[3] お金のデザインの共同創業者であり、あすかアセットマネジメント株式会社創業者。マネックス証券・ライフネット生命保険・ほけんの窓口の設立を支援した。

③　保険の自由化

という三分野があげられます。本来は、運用サービスの手数料の自由化もそのなかに含まれていたはずですが、個人向けの投資信託の実態としてはむしろその逆ではなかったかと私は思っています。平均的な販売手数料・運用報酬は徐々に上昇していき、これのどこが自由化なのだろうか、という疑問がありました。それをわれわれの運用サービスが、名実ともに「金融サービスの民主化」を進め社会的な公共財となり、お金を将来の不安要素から新たな世界につながる可能性へと変えることが、社会的な意義だと考えています（図表２－９）。

このことは資産運用会社あるいは金融機関全体にもいえることかもしれませんが、装置産業からソフトウェア産業に移行していくということを意味します。ソフトウェア産業への移行とは、過度な人の介在を省くということです。それは運用コストを軽減するということもありますが、それ以上に重要なのは、人が介在すると、今の相場に影響を受けてしまい、アドバイスが一貫しないことが非常に多くみられる

図表２－９　金融サービスの民主化

自由化に乗り遅れたリテールの運用ビジネスを変革 科学と技術によって金融的束縛から解放 個人の資産形成の不安を取り除く

［自由化の流れ］

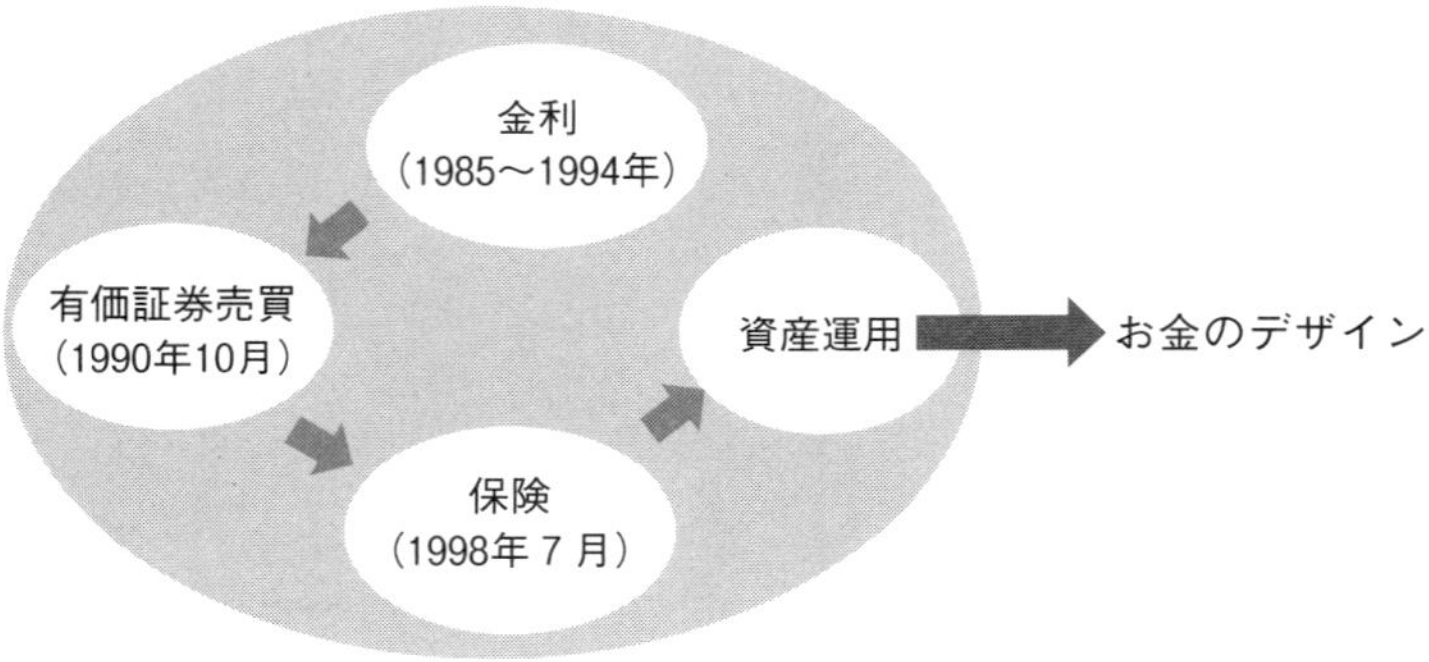

［公募追加型の株式投信の販売手数料率と信託報酬率］

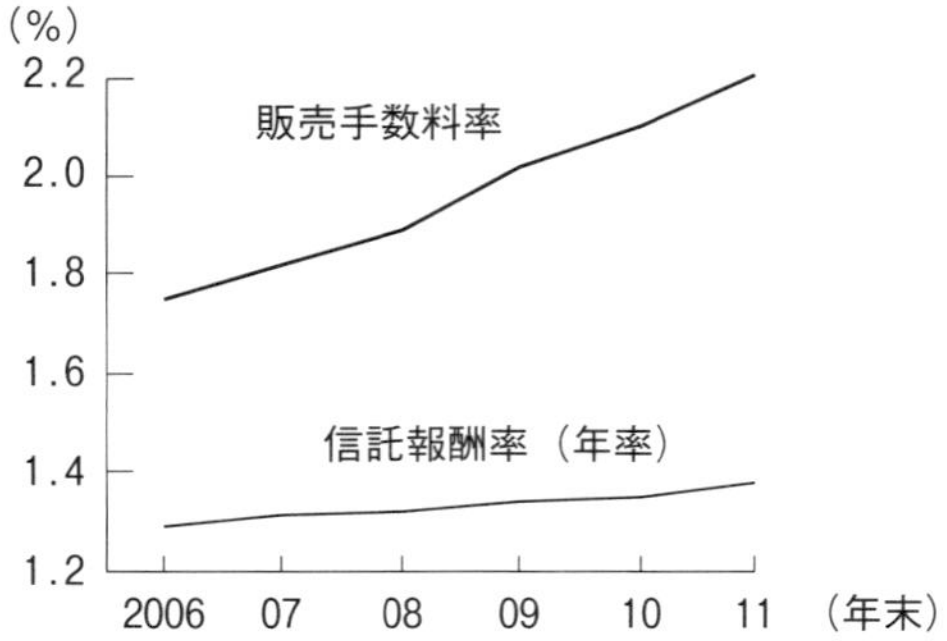

（注）　平均、税込み。
（出典）　モーニングスター

という実態です。投資理論に基づいてシステム化された運用アドバイス（これを、現在ではロボアドバイザーと呼んでいます）によって、このような問題を回避することができます。この結果、供給者中心のサービスから顧客目線に立ったサービスが実現できます。

もうひとつ重要なことは、システム化することによって、きめ細かいカスタマイゼーションが可能になることです。お客さまの多くの金融資産をお預りすることを目標とする以上、カスタマイゼーションは最も重要で、それができなければ、結局お客さまが安心して金融資産の運用を任せることはできなくなるということになります。

アメリカの運用サービスではオンライン化が随分と進んでいる一方で、日本の個人向け金融サービスでは、オンライン銀行、オンライン証券、オンライン生保はあるのですが、オンライン運用会社はありませんでした。これまでになかったオンライン運用会社をわれわれは目指しており、さらにプライベートバンクのような付加価値をオンラインで提供したいと考えています。

すでに世界中では、Paypal、Facebookなど有力なテクノロジー企業が金融事業に参入してきています。従来型の資産運用ではFace to Faceを前提としていたところから、最近ではネットで安く簡単に資産運用をできるところが増えてきて、前年から七〇%以上の急成長を記録している会社もあります（図表2－10）。

われわれが考えているお客さま像は、仕事が忙しく、自分のために割ける時間がないような非常に忙しい方たちです。つまり平日、証券会社や銀行に出向いて、窓口の販売員と運用方針をじっくり話し合って決めるような時間がない方だと思います。運用方針についても、自分が稼ぐ以上に収益をあげてほしいと思っている方は、意外に多くないのではないでしょうか。だからこそ、多くの方が仕事で貯めたお金を、円高で株安、インフレ懸念のない環境下、現預金の保有を選択してきたことは、本来の運用の基本姿勢を物語っているのだと思います。運用に期待されていることは、一〇〇万円を預けたら、一〇〇万円の資産価値（購買力）として一〇年後にも保全してほしいというこ

図表2－10　欧米諸国では近年急激に運用規模を伸ばしている

すでに2兆円を超える運用規模

[アメリカオンライン資産運用総額]

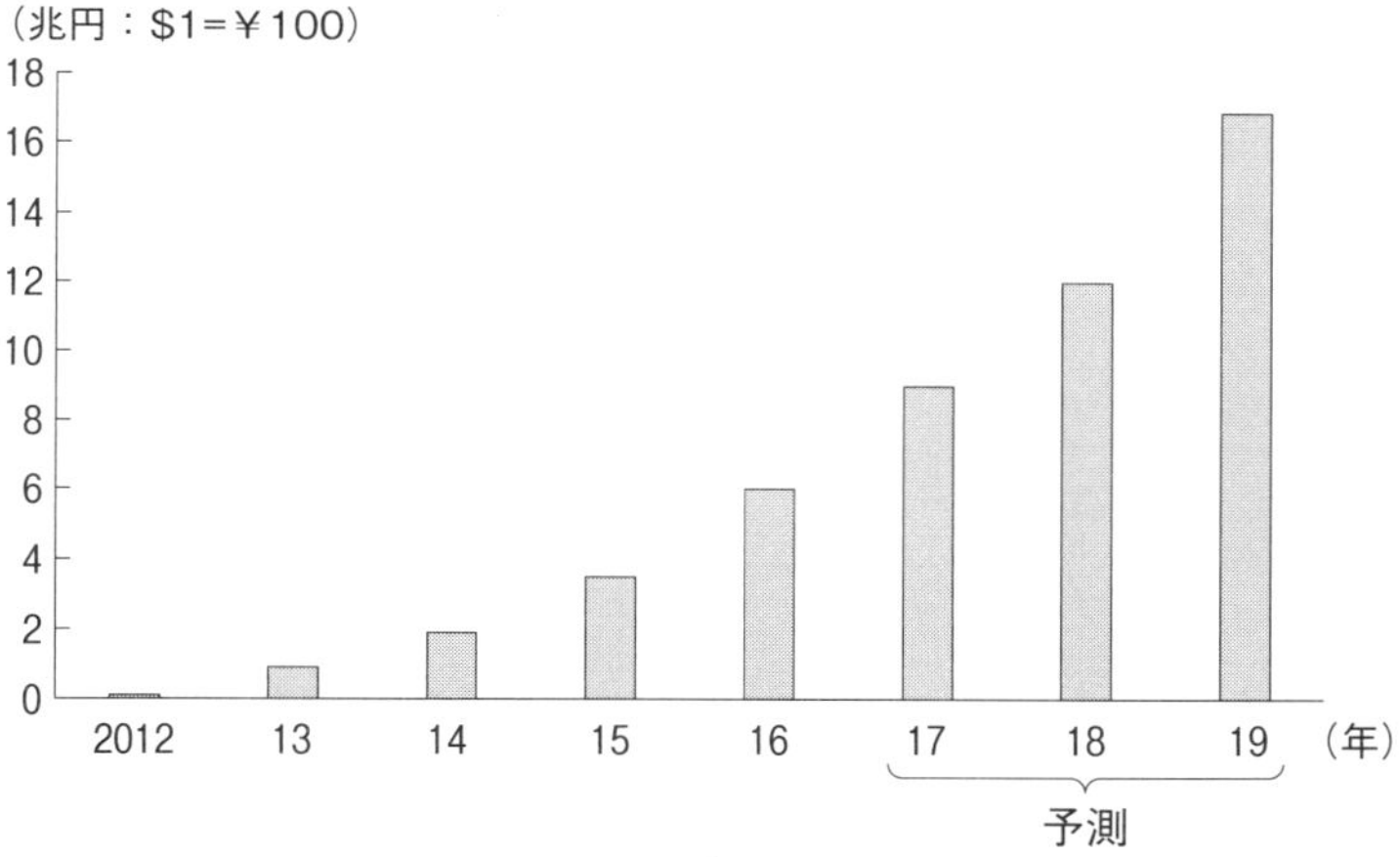

200社を超えるプレイヤー

	運用残高
wealthfront	$2.4Bn
Betterment	$1.7Bn
PERSONAL CAPITAL	$1Bn+
SIGFIG	$70M
Vanguard	$17Bn

(出典)　Corporate Insight, PwC, MyPrivateBanking
各社開示資料

とだけなのではないでしょうか。大きなリスクをとって二〇％、三〇％の収益率をあげてほしいというよりは、「稼いだお金を将来必要になるときまで腐らせないでください」というのがお客さまの等身大の要望だと思っています。これらのことは、二年前に実施したわれわれ独自のリサーチで浮き彫りになりました。

われわれ自身は、ロボアドバイザーといわれるように、ネットでの運用プロセスがシステム化された資産運用会社を目指しています。目指す姿は図表2－11のとおりです。したがって、われわれの会社では、営業担当者は少人数しかおりません。一方、ネットで運用サービスを提供する以上、ウェブサイトはシンプルでわかりやすいことが重要になってくるため、ウェブサイトを構築するフロントエンドのエンジニアはより多く必要になってきます。また、将来多くの資産を、多くのお客さまごとに管理するためには、バックエンドのエンジニアが必要になります。これからの運用会社は事実上ソフトウェア会社のような組織形態になっていくと申し上げたのは、こういった理由からで

図表2－11　ウェブ会社として、従来の資産運用会社・証券会社とはまったく異なる姿を目指す

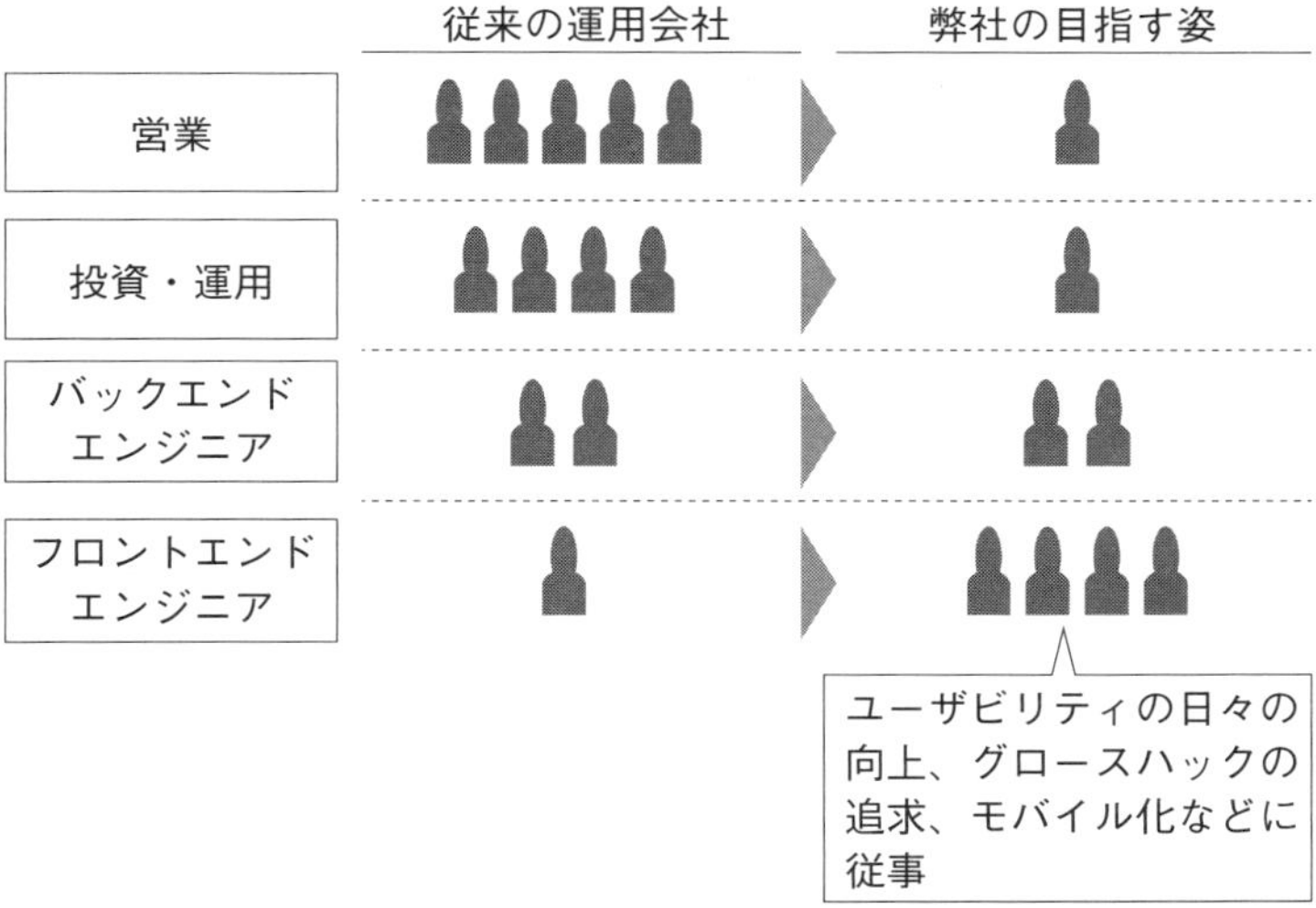

す。ウェブでの利便性の高い運用サービスを重視している姿勢から、われわれがフィンテックと呼ばれるのだろうと思います。

4 お金のデザインを立ち上げるまで

次にお金のデザインの成立ちについての話です。二〇一四年九月に投資運用一任業の登録をし、同年の一一月から営業を開始しました。この時点では、リーンスタートアップを実行しました。[4] 当時は、自社は投資運用一任業のみで、証券業の登録がなかったため、提携する証券会社にお客さま自らが証券口座を開設していただき、その口座開設後お客さまとわれわれとの間で運用一任契約を締結させていただき、運用を開始するという手続になっていました。しかしながら、お客さまからは「運用サービスには不満がないが、運用開始の手続が面倒」という多くのフィードバックを受けました。お客さまにとっては、われわれとの投資一任契約締結の手続に加え、別会社の証券会社の口座開設もしなければならなかったことが非常に手間のかかるプロセスだったのです。

[4] リーンスタートアップ（Lean Startup）とは、事業の開始時に、まずは最低限のコストで製品・サービスを実装し、利用者の反応をみて改善を加えていく手法のこと。

その手続を簡素化するには、われわれ自身が証券口座を開設できれば、証券口座開設から運用一任契約の締結まで、同じ会社で一回の手続ですむということになります。証券業登録ができれば問題は解決するという結論に達しました。

証券業登録を取得するまではほかの証券会社を利用し、証券会社のニーズもふまえて最低預り資産は五〇〇万円としていました。しかし、われわれが証券業を登録し、自分自身で証券口座を開設できるようになれば、われわれ独自の判断で最少投資金額を決めることができます。証券業申請登録（二〇一五年一二月一日）後、資産運用をもっと身近なサービスにするため、二〇一六年二月に最小投資金額を一〇万円として開始しました。

二〇一四年九月に投資運用業（運用一任）の登録をするまでの経緯について、私自身のお話をします（図表2－12）。まず、一九八二年に三井信託銀行（現三井住友信託銀行）に入社し、年金を中心とした運用に携わってきました。その後一九九九年に世界最大の機関投資家

図表２－12　お金のデザインまでの道のり

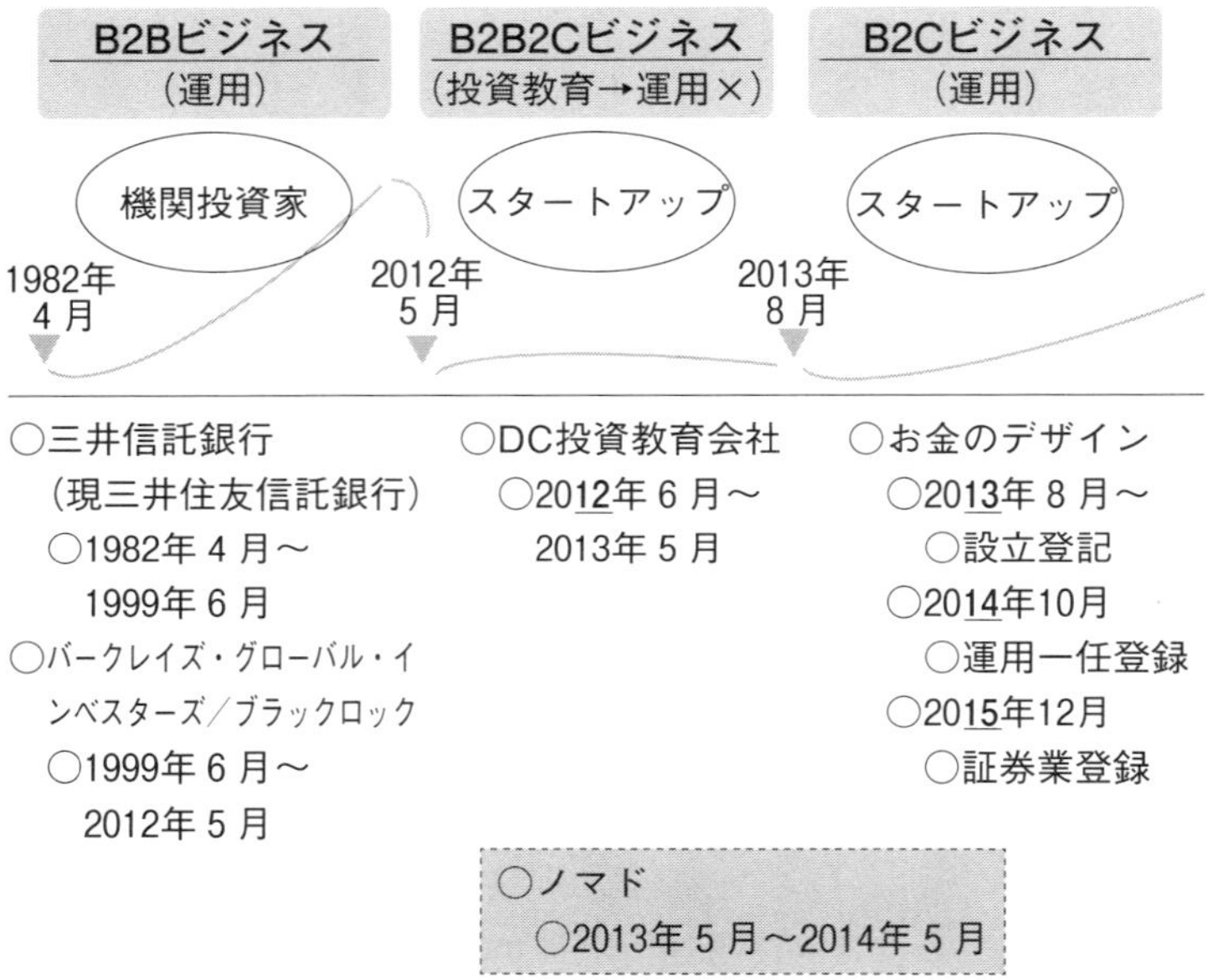

であり、世界最大のETFのプロバイダーであるバークレイズ・グローバル・インベスターズ（BGI）に転職し、その後二〇〇九年にブラックロック・ジャパン（BLK）と経営統合後、日本法人の営業部門のCOO（最高執行責任者）となりました。社会人となってからの三〇年間以上は、主として機関投資家向けビジネス（B2B[5]）の年金運用、金融機関ビジネス）に従事していました。そこから、二〇一二年五月に確定拠出型年金（DC）制度投資教育の会社に参加し、いずれは運用会社として領域を広げていこうと考えていました。その一年後、運用会社を直接設立するほうが、運用サービスをいち早く多くの方に提供できると考え、二〇一三年にDC投資教育の会社を退社し、お金のデザイン設立に至りました。退社後の一年間は私にとって貴重な経験で、いまここにいられるのもこの経験があったからこそだと思っています。

退社後、二〇一三年五月から二〇一四年五月までの一年は、オフィスもなにもないいわゆる「ノマド[6]」時代でした。お金のデザインを

[5]　Business-to-Business、企業間の商取引のこと。

[6]　英語で「遊牧民」の意。オフィスなど特定の場所に限らず、さまざまな場所で仕事をするスタイル。

二〇一三年八月に設立登記したものの、オフィスはありませんでした。いまのように、多くのお客さまやメディアの方に興味をもっていただけるようになろうとは、この時期にはまったく想像もできませんでした。

振り返ると、ブラックロックを退社したあと、いろいろな方にめぐりあい、いまのかたちになったのです。

ＢＧＩの同僚を介して、お金のデザイン共同創業者であり現会長の谷家との出会いがありました。そこで、金融サービスの民主化を運用の世界で進めていこうと意気投合し、このビジネスプロジェクトが動き始めました。二〇一二年五月には、谷家から日本の運用業界での第一人者である加藤康之京都大学大学院教授（現お金のデザインアカデミックアドバイザー）を紹介してもらい、主に加藤先生と私の二人で運用戦略の骨格をつくりあげていきました。

さらに谷家から現運用責任者を紹介してもらい、運用会社としての核ができあがったのです。偶然の出会いも含めて、人とのつながりがお金のデザインを支えています。

人との出会いは、たとえ偶然であっても重要だということを、あらためて知るきっかけにもなりました。幸運ということもないと、会社・ビジネスは発展できないと私は思っています。

先述しましたように、オフィスがないノマドの時期が一年間ありました。その間、どのような生活をしていたかを恥ずかしながらお話しします。私の持ち物といえば、たったの三つでした。まず、ＰＣのAir Mac、それを運ぶキャリーバッグ、そして六本木にあるカフェの会員カードです。なぜカフェの会員カードかというと、会員登録するとWi-fiが使い放題で、ありがたいことに一日居座っても文句をいわれませんでした。一年間ほとんど毎日そこに通い、一日中仕事をしていました。ただ、私のような方も周りにたくさんいらっしゃって、カフェを事務所がわりに使われていました。すでにそのとき、私は五〇歳を超えておりました。家族、特に子どもたちは、父親がいままで会社に行っていたのに、急に喫茶店で仕事をしているのをみて心配して

図表２－13　創業当時のオフィスのようす（2014年５月）

社員：１名

いたようで、「お父さんどうしたの？」という感じでした。「運用の仕事を始めるための準備をしている」と説明したものの、納得はいっていなかったと思います。家内には、ブラックロックを辞める数カ月前に、「こういうことをやるつもりだから、ちょっと我慢してね」といって、一応了解はとっていました。ただ、後から聞くと、「反対してもやっていたでしょう」といわれ、返す言葉はなかったです。持ち物は三つしかないとはいえ、交通費・その他費用もかかり、収入がなかったので、精神的にはなかなかきつかったです。

そして、やっと一年かけてたどり着いたのがこのオフィスです（図表2－13）。この写真に写っているのは私ですが、社員（むしろ同志に近いかもしれませんが）は全部で三名という状況でした。オフィスを借りるときは、まだ出資も決まっていなかったこともあり、谷家と私が会社に貸して、何とか敷金と賃料二～三カ月分を出し合ったという状況でした。それから二年が経ち、社員は四〇名ほどになりました（図表2－14）。人員が増えたことから、二〇一六年六月にオフィスを移転しました。出資者の皆様のご支援でここまでたどり着けたのですが、さらにスピード感をもってビジネスプランを実現したいと考えています。

図表2－14　最近のオフィスのようす（2016年6月）

社員：40名

5 なぜスタートアップ企業を経営するのか

ＢＧＩに在籍していたときから、いまお金のデザインが提供している資産運用サービスの構想は策定していました。ブラックロックとの合併を機に戦略の再検討ということになりました。機関投資家向けのビジネスを主体とする運用会社が個人向けの運用サービスを提供することは、経営上の観点からも非常にむずかしかったのではないかと思います。

その解決策として、個人向けの運用は外部の第三者に任せ、ブラックロックがＥＴＦという商品を提供することも考えましたが、ＥＴＦを用いた個人向け運用会社をだれに頼むのかと考えたとき、だれも引受け手がいないということがわかってきました。アメリカのように個人（先述したＲＩＡ）が比較的容易に運用サービスを提供するようなことは、日本ではできません。また、ＥＴＦを用いた低廉な運用報酬の提供では、わざわざ運用会社をつくってまで運用サービスを提供しようという人はいないだろうというのがその時の結論でした。マーケティングも、個人向けと機関投資家向けとでは大きく異なりますし、機関投資家を専業としている会社が適切な個人向けマーケティングができるのかという話にもなりました。そういった議論をしていくなかで、自分でやるしかないのではと思うようになりました。

実は自分でお金のデザインを設立する際に、何社かの運用会社に声をかけていました。「アイデアは面白いけど、いまやるのはどうかな。収益性は……現在の投信ビジネスはどうしようか」という反応がほとんどで、もうこれは自分でやるしかないと思ったわけです。

しかしながら、自分で運用会社を設立しようにも、一人で進めるには無理があります。ちょうどその時に、現会長の谷家と知り合うことができ、彼も同じ思いを以前からもっていたとのことで、第一歩を踏み出すことができました。谷家は多くの会社設立にかかわっており、幅広いネットワークをもっていました。いろいろな方々からも支援をいただき、今日に至ったということになります。たとえ優れた商品のアイデアはあったとしても、それをビジネスにするのは、また別の知見が必要になります。こうして、谷家と私と二人三脚で新しいビジネスに向かって船出をしたのです。

6　スタートアップ経営の悩み——三つの課題

ありがたいことに、二〇一五年一〇月二八日の日本経済新聞朝刊一面に掲載された「フィンテックの衝撃」という特集で、お金のデザインが大きく取り上げられました。この日に、当社ウェブサイトへのアクセスが二〇〇〇件もあったのです。それまでは一日平均一〇〇件程度でしたが、突然増えて、すぐにシステムのバージョンアップをしました。いろいろと思い出深い一日でした。

最近では、メディアで取り上げられることが多くなりましたが、ＰＲ効果は想像以上だと実感しています。広告に使う予算もないなか、メディアの方々にサービスの良さを理解していただくという地道な行為も本当に重要なことです。

順調に前に進んでいるなか、当然悩みもあります。われわれの抱えている課題は、「Diversification」と「Flat」と、もうひとつ「Hiring」ということです。すなわち異文化をバックグラウンドにもつ人との融合、組織のフラット化、優れた人材の採用ということです。

現況として、「Diversification」は急速に進んでいます。社内で、Fin（ファイナンス）出身者の比率が低下し、Tech（テクノロジー）出身者の比率が高くなってきています。土俵が異なる者同士が会話するのはなかなかむずかしいのですが、お互いの知見に対して敬意を示し、尊重しあうことで、対立から融合に導かれるものだと思います。

次に、「Flat」ということです。社員は四〇名程度ですので、大企業のような上下関係はありません。「Flat」が意味するのは、率直な意見交換ができるかというだけにとどまらず、成功・失敗の臨場感をみんなで共有できることだと思っています。会社が立ち行かなくなるのは簡単です。フラットな組織として、いろいろな意見を言い合えることはもちろん重要ですが、「みんなが意見を出し合わないと会社が潰れてしまう」という意味で、「Flat」が重要なのです。発言しないことが組織を間違った方向に導いてしまい、ある意味会社を潰すことと同じくらいの重要な意味をもつのです。

組織運営の点からも「Flat」は大切な要素です。

オルフェウスプロセスというのがあって、マネジメントの参考にしています。『オルフェウスプロセス——指揮者のいないオーケストラに学ぶマルチ・リーダーシップ・マネジメント』[7]という本を読んで、このような組織がつくれたらいいなと思っています。オーケストラには指揮者がいて、演奏全体をリードしていくのですが、それをビジネスに持ち込んでいては、時代の変化に対応できないのではないかと思っています。リーダーが常に時代に対応できるようなスーパーマンであればいいですけれども、それはむずかしいことです。オルフェウスというのはニューヨークのオーケストラですが、コンサートマス

[7] ハーヴェイ・セイフター、ピーター・エコノミー著、鈴木主税訳。角川書店から二〇〇二年に刊行された。

ターが曲によって変わっていくシステムです。いわゆる指揮者がいなくても業務が遂行していくような会社であれば、いろいろな局面に対応できる強靭な会社になりうるのではないかと思っています。

最後の「Hiring」です。

先述のオルフェウスプロセスのいちばんのポイントは、みんなが粒ぞろいでなければならないということです。それぞれに会社の運命を託す以上は、すべてのメンバーが優秀でないといけないのです。という意味で、Top Notch（一流、最高）でないと困るのです。われわれの採用しているメンバーはTop Notchだと思っています。Top Notchが一人いれば、何十人のメンバーよりも、はるかに生産性が高いと確信しています。また、優秀な人材に参加してもらえると、それに惹かれてまた優秀な人材が参加してきます。「彼みたいな優秀な人と一緒にやりたい」という人が、会社に魅力を感じて、さらに自分自身の成長のために入社してもらえるのだと思います。このような好循環を維持するために、会社自体も各メンバーが期待しているように成長していかなければなりません。

「Fin」の人材と「Tech」の人材で、どちらもお互いの業務のことをよく知らないなか、どちらかに寄り過ぎてもいけないわけです。そのなかで最適なビジネスを見つけていくには、相当の労力はかかります。それを克服できるのは、優秀な人だからこそ、お互いの長所とその重要性を認め合うことができるためだと思います。

優秀な人ほど、学びの機会を多く手に入れることができます。最初は意見が衝突することもあります。しかし、われわれの大義である社会貢献につながるビジネスを成功させるという思いが一緒であれば、自分のやり方に執着しないものです。そして「ああ、そうか。もっといい方法があったのか」というかたちで理解し、チームとしての一体感が生まれてきます。

経営者としては、会社のビジネスのためであるのと同時に、自分が成長するために意見をいってくれる人は、大歓迎です。チームとは不思議なもので、二、三人が入るだけで会社の雰囲気ががらっと変わることを実感します。運用・ＩＴというそれぞれの場でテクノロジーを駆使して効率的なサービスを提供するためには、人材がすべての起点であり、優秀な人材がいないと会社の成長はないと思います。Hiringにはかなりのリソースを費やしていますが、人材採用そのものが、フィンテックとしての最も重要な事業戦略ではないかと思っています。

第3章

ロボアドバイザー
——アメリカの状況と日本における役割

株式会社お金のデザイン　ＣＯＯ　北澤　直

◆この章のポイント◆
- ロボアドバイザーとは何が優れているのか
- 日本でロボアドバイザーはどのような役割を担っていくのか
- フィンテックにより金融行政はどう変わっていくのか

1 ロボアドバイザーとはどのような概念なのか

端的に説明すると、ロボアドバイザーというのは、オンライン型の資産運用サービスといっていいと思っています。非常に多義的な概念ではあって、もともと二〇〇一年か二〇〇二年ぐらいにアメリカで初めてロボアドバイザーという名前が登場しました。それ以降、いわゆるアルゴリズムを活用して資産運用を行っているものを、ロボアドバイザーと呼ぶ風潮があるように感じています。アメリカでは、良い言い方と悪い言い方が混在していて、よく雑誌などではブリキのロボットがパソコンの前にいるようなイメージが示されて、ロボを信用していいのかと疑問を呈されるような、そういった意味での（物理的なイメージの）ロボットが使われているようなところはあります。

ただ、セグメントの区分としてある程度わかりやすいというか、新しい価値観ではあるため、意識的にロボアドバイザーという名前を使ってもよいのではないかと思っています。

二〇一六年二月にサービスを開始した私たちのＴＨＥＯ（テオ）というサービスもまさにロボアドバイザーに当たります。ロボアドバイザーでは、まず一般的に投資診断、プロファイリングというのを行います。インターネット上でいろいろな質問をして、ユーザーの年齢であったり、収入であったり、リスク性向であったりといった情報を引き出します。それに基づいてアルゴリズムがユーザーの回答結果を分析して、ユーザーに対して、「こういう運用方針が良いのではないですか」ということをまず診断します。これが、ロボアドバイザー・サービスの入り口ですね。

ただ、これだけではロボアドバイザーの機能の一部にすぎません。ロボアドバイザーの肝は、その後です。申込みとか、入金手続といったプロセスをすべてオンラインで完結するところもサービスの根幹ですし、実際に入金が終わると、アルゴリズムがどの銘柄を買うべきか判断し、入金額に応じて、ユーザーにかわって購入します。すると、ユーザーは何もせずにポートフォリオをつくれることになります。

また、運用中は、株や債券などの金融資産を買っていきますが（THEOでは、少額で分散投資ができてコストも低く抑えることができる、海外に上場されているETF（上場投資信託）を購入します）、ちゃんと運用するためにはリバランシングという作業が必要になってきます。ユーザーの運用方針が、たとえば円グラフで書くと四対三対三の割合であったとします。株式市場に上場されている商品に投資をするので当然値動きがあり、月によってその割合は変わってきます。その値動きのまま放っておいてしまうと、当初想定していた方針どおりの運用というのは実現できないことになるので、ふくらみすぎた部分を削って、減った部分に商品を足してということをしなければなりません。これをリバランシングといいます。

あとは、ユーザーが最初にプロファイリングをしたときに、たとえば日本株には一％投資をしましょうという分析結果が出ていたとしても、それが未来永劫一％であるべきではないかもしれません。そういったときには（リアロケーションと呼んでいますが）、アルゴリズムの判断によって、半年前に日本株の比率が一％だったものが、今月に入って〇・五％になったとすると、〇・五％分の日本株は売って、そのかわりに他の商品を買っていることになります。そのような組替作業もロボアドバイザーが行います。中身が変わっていくわけですが、それを個々人ができるかというと、おそらくむずかしいでしょう。人間がやるのはむずかしいことをアルゴリズムがかわってやるというのがロボアドバイザーの機能です。THEOではさらに、ユーザーの年齢が上がってくるにつれて、ポートフォリオの内容を自動的に変えていく［1］といった機能も備えています。

［1］一般的には運用期間が短くなる、特に退職後は本収入が減少するので、年齢が上がるにつれて保守的な運用になる。

ロボアドバイザーというと、たとえばテクニカル・トレーディングのようなイメージをもっている方もいらっしゃいます。また、テクノロジーというと、ハイ・フリークエンシー・トレーディング（ＨＦＴ）のような超高速取引のイメージをもたれる方もいらっしゃるかもしれませんが、それはまったく違う概念です。ＴＨＥＯに代表されるロボアドバイザーは、いわゆる分散投資を行うためにつどどういった銘柄に配分する必要があるか、株、債券、コモディティ、いろいろな種類の投資対象に対して、今月はどういうふうに割り振ったらいいのかということを判断します。瞬時の判断というわけではなくて、将来予測を排除して、過去の結果に基づいてユーザーに適した分散ポートフォリオは何かというのをアルゴリズムが判断するわけです。いきなり売ったり、買ったりを繰り返すのではなくて、ある程度の時間軸をもってポートフォリオのバランスを変えていく。これが、ロボアドバイザーの一般的な運用サービスです。こういった複雑で面倒な作業すべてをロボアドバイザーがユーザーにかわって行うことができます。

2 ロボアドバイザーが資産運用業界にもたらしたもの
――分散投資の意義

日本よりもロボアドバイザーのサービスが浸透しているアメリカでは、ロボアドバイザーというサービス自体が紹介されたのが二〇一一年でした。もともとはウェブサービスから始まり、ウェルスフロントやベターメントという独立系の会社がまず成功して、いまでは、たとえばチャールズ・シュワブ、バンガード、メリルリンチ、ブラックロックなど既存の金融機関もサービスを開始しており、最近はドイチェバンクやモルガン・スタンレーも参入するようになりました。このようにロボアドバイザーは、資産運用サービスの一つのセグメントとして認知されていて、一説では二〇一五年末には運用資産が日本円で四兆円を優に超えているだろうといわれています。大手が参入したことで、ＡＵＭ[2]の額も格段に増えていて、Ａ・Ｔ・カーニーの調査に

[2]　Asset Under Management：運用資産額

よると、二〇二〇年には二・二兆ドル産業になるという予測も出ています。

ロボアドバイザーの登場によって、分散投資の新しい選択肢を提供できるようになったというふうに、私たちは位置づけています。

たとえば、分散投資を個人で行おうとすると、もし投資に関する知識がある方であれば、自分でモデルをつくって、株にどのくらい投資して、債券はどのくらいでと、ポートフォリオを自分でつくれるかもしれません。ただ、本当に最適なポートフォリオを使った分散投資を全うできるかというと、なかなかむずかしいものがあるでしょう。とすると、個別銘柄は買わないものの、自分で投資商品を選びたいという方がよく行うのが、たとえば投資信託やいわゆるバランス型ETFといった商品を買ってくるというやり方です。ただ、投資信託やバランス型ETFも、究極的に分散投資といえるかというと、やはりそうではないと思います。なぜかというと、自分に最適なポートフォリオとは何か、ということは、金融工学的には非常に多義的なものであるといえるからです。しっかりとした運用を行うためには、投資理論に基づいて、自分の投資に何を求めているかを分析しなければなりません。それは単純に、「いや、僕はこのぐらいのリスクがとりたいんだよ」とか、「何パーセントの利回りにしたいんだよ」といった主観的な話だけではなくて、客観的な要素に裏付けられた運用方針の決定が必要です。

具体的にいうと、二〇歳のときの運用の仕方と六四歳のときの運用の仕方というのは違ってしかるべきだと私たちは考えます。この先の人生に何十年も時間があるのであれば、投資している間のボラティリティ、いわゆる値動きということはある程度享受しながらも、最終的にリターンが積めるような資産にそれ相応に配分をもっていきたいという考えもあると思います。一方で、六四歳でもうあと一年で退職だという方は、退職金はそれなりに入ってくるかもしれませんが、年金は少ししか入ってこないということであれば、それ以降の人生を豊かに送るには、どうやって資産をうまく運用しながら使っていくかが重要になってきます。その後の人生を考えた際に、その時間軸で果たして一〇〇歳までに資産を大幅に増やすというポートフォリオをつくる必要があるかというと、そうではないと思います。運用しつつ使っていく、ということになると、大幅なリスクをとらずに、極力安定的に運用をするという運用が適しています。

年齢や投資期間の時間軸を例にあげましたが、最適なポートフォリオでの運用というものは、それ以外にもいろいろな要素をかんがみて行わなければなりません。それはどうすれば達成できているといえるのかというと、たとえばプライベートバンクというものがあります。ユーザーにはそれぞれ担当者がつき、たとえば最低投資資産が一〇億円ぐらいの大変な富豪[3]に対して、「あなたがいまお持ちの資産はこうですね」「余剰資金はこれだけありますね」「これを次世代につなげていくのであればこういったものに投資しましょう」といった、オーダーメード的な運用の仕方をプロがアドバイスしています。プライベートバンクに資産運用をお任せする一環で、分散投資という投資方

[3] いわゆるオールドマネー。

法も活用されています。ただ、担当者がきめ細かいサービスを提供するというビジネスモデルから、サービスを利用できる金額も高めに設定されている場合がほとんどです。

最近ではもっと低い金額で分散投資をお任せする形態も増えてきています。ファンドラップといわれるものです。ファンドラップでは、質問に基づいてプロファイリングを行って、その結果に基づいて投資信託を買ってくるのが一般的です。それ自体はコンセプトとしては素晴らしいと思っていますし、ユーザーにあった投資信託の配分をしっかり説明できれば、それは一つの分散投資のツールだと思っています。ただ一方で、ファンドラップはポートフォリオに組み込まれる投資信託の種類が少なかったり、また、運用報酬が高かったり、運用報酬以外にかかるコスト、たとえば投資信託のコストが割高であったりするものが散見されます。分散投資は年に何十パーセントのリターンを得るような運用手法ではないので、コスト自体が非常に重要になってきます。ハイコスト・ローリターンでは分散投資は達成できません。ＥＴＦ、それも種類や選択肢が圧倒的に多い世界に上場されているＥＴＦを運用対象にすることが、いまの分散投資手法としては最適だと考えています。

そこで日本でも必要とされているのが、ロボアドバイザーです。いままで人が行ってきた資産運用アドバイスや運用自体をテクノロジーが代替することによって、圧倒的にコストが低くなるだけではなく、担当者の良し悪しでサービスの質が変わるといったこともなく、また、人的ミスも減らすことができます。一任運用ですので、ユーザーは海外に上場されているＥＴＦの種類を勉強して選ぶ必要もありません。こういったサービスが増えることで、ロボアドバイザー同士もしのぎを削りますし、プライベートバンクやファンドラップといった既存のサービスも質の向上とコストの適正化を求められると思います。そうすることで、日本にとってどのような資産運用サービスが求められているのかを、ユーザーが選ぶことになります。当たり前の話なのですが、資産運用に関してはこれまでサービスを提供する側がサービスの内容を決めてきた事実は否めません。フィンテックとしてのロボアドバイザーの意義の一つとしては、金融「サービス」としての本来あるべき姿に、資産運用サービスを再定義することなのかもしれません。これはアメリカでも同じような動きがみてとれます。

3 ウェブサービスであることの必然性

ロボアドバイザーは、やはりウェブサービスであることがとても重要で、前述のとおりいまの日本の資産運用サービスに足りなかった部分がウェブによって補われていると考えています。ウェブサービスの場合、ユーザー目線でインタフェースが考えられており、いわゆるＵＩ／ＵＸ（ユーザーインタフェース／ユーザーエクスペリエンス）を重視します。ユーザーに対してストレスを与えた時点で、ユーザーはもうそこで申込みを諦めてしまいます。これが支店であれば、従業員が顧客を前にして商品の説明をして、申込書の書き方を教えてというところまでできますが、ウェブサービスはユーザーが好きなときにいつでも利用できる分、本当にサービス重視、ユーザー重視でないと勝ち残れません。ＵＩ／ＵＸというのがとても重要になってきて、一方で、ユーザーとしてはわざわざ支店に足を運ぶ手間が省けるということになります。

ユーザーにむずかしい判断や理解を求めることなく、運用自体は金融工学に依拠したアルゴリズムに基づいているため、正確性・再現性の高い資産運用を実現できています。また、ウェブサービスだからこそ、低コストということが非常に重視されます。

オンラインで完結すると申し上げましたが、ユーザーはまったく人の手を必要としないのか、これはユーザーによって異なります。ＴＨＥＯではカスタマーサポートを重要な機能の一部ととらえていて、電話やメールでお問合せがある際には、担当者によって丁寧に対応することとしています。人によってはオンラインで完結するサービスではなく、担当者がガイドするようなサービスを好むこともありえます。既存の金融機関がロボアドバイザーの技術を活用することで、こういったニーズに対応するハイブリッドなサービス形態も実現可能です。

ロボアドバイザーは将来の株価の予想といった人間の主観的要素を極力省きます。私たちの提供しているアルゴリズムは、人の将来の予想は当てにできないというところから入っていて、徹底的に過去のデータを分析します。過去のデータをふまえたうえで、いまの状況をアルゴリズムがどう判断するかというところに依拠しています。年末年始に日本経済新聞などで、エコノミストやアナリストがこの一年で日経平均株価がどうなるかという予想をしていますよね。なかなか当たることはないですし、当たったところで、「当たりました」と宣伝する方もほとんどいないと思うので、エコノミストやアナリストの皆さんは実はすごく嫌だと思いながらやっているのではないでしょうか。それは、一年後の日経平均なんて当てられるはずがないと思っているからだと思うのです。当てられるはずがない、は言い過ぎかもしれませんが、将来予測というのは、ある程度人の主観が入ってくるということなので、継続性もないですし、単一性もありません。私たちは五年、一〇年、一五年、二〇年とユーザーの資産を運用していこうと思っており、かつ、それを一人、一〇人、一〇〇人ではなくて、一〇〇〇人、一万人、一〇万人という規模の方々に提供しようと思っています。そうすると、画一的で正確性が担保されるサービスを提供しなければいけないと思います。画一的で正確性が担保されるサービス、それは、人にはできないことであり、やってはいけないことです。人為的ミスも生じますし、あとは主観によるモデル、運用の不安定さが出てきます。そのため、私たちは人間の主観に基づく将来予想を排除します。高度なテクノロジーやアルゴリズムで代替することによって、仮にユーザーが一〇人から一万人に増えて、そこからさらに一〇万人に増えたとしても、人的コストはほとんど増えることなく、一方で運用の確実性は保てるというところが、私たちの提供するロボアドバイザーによるサービスの強みです。

4 既存の金融機関によるロボアドバイザー・サービスへの参入

二〇一五年の終わり頃から、国内の大手金融機関もロボアドバイザー・サービスに参入し始めています。お金のデザインが提供するサービスと何がどのように異なるのかをご説明します。

まず前提として、よくフィンテックはマーケットディスラプターであり、既存の枠組みを壊す存在だといった声も聞きますが、私たちはそうは思っていません。複合的な金融コングロマリットであれば、経済活動としていきなり革新的なことができないのは仕方がなく、スタートアップ会社としての身軽さで新しい価値を提供できる私たちと既存の金融機関は、業界全体をみれば相互関係にあると思っています。

実際に何が起こっているかというと、たとえばアメリカでは、まずウェブサービス系の企業が出てきて、その後大手が参入し、いまではもうオープンソース化するような企業も出てきて、いろいろなバリエーションが出てきています。その一方、まだ勝ち組と呼べるものがいないのが実情だと思っています。基本的に勝ち組はいないのですけれども、唯一勝ち組がいるとしたら、それはユーザーです。ユーザーとしては、圧倒的に選択肢が増えましたし、昔からある金融機関も含めて、一任運用という資産運用のあり方に対して、サービスの適正化とか、報酬の適正化ということも供給者側に突きつけることができました。だからこそ、全体を通して運用報酬は適正な程度に下がっていますし、あとはウェブサービスにより、ユーザー本位でサービスが構築されています。これは、ゲームもアマゾンもグーグルも同じことがいえます。ユーザーにいかに受け入れられるかというところから構築されるサービスがどんどん出てきたなかで、ユーザーとしては、いわゆるインタフェースも支払う報酬も含めて、五年前と比べて選択肢が増え、安価で分散投資ができるようになっています。

翻って日本の状況を考えますと、まだコスト構造というところでは、改善の余地が多いと思っています。また、ロボアドバイザーといっても、ポートフォリオ診断という助言の部分にとどまり、実際にポートフォリオを構築する、また、その後運用し続ける、といった一任運用の部分に手当がないサービスも見受けられます。もちろんユーザーの利便性を高めるという意味においては、そういったサービスがどんどん増えていくのは良いことと思います。一方、ポートフォリオを構築する際の手数料で収益をあげる販売モデルではなく、顧客の運用資産の残高の一定割合を収益の源泉とすることによって、ユーザーが儲かればサービス提供者も儲かる、ユーザーの運用状況が悪ければサービス提供者の取り分も減少することで、ユーザーとサービス提供者の利害が一致する、いわゆるAlignment of Interestを図ることができるのが、ロボアドバイザーの本質的な価値であると位置づけています。

私たちは、私たちだけでロボアドバイザー・サービスの業界を独占しようなどというつもりはまったくありません。私たちの目的というのは、新たな価値観を提供することによって、それを資産運用のあり方の一つとして、ユーザーの選択肢としてしっかりと定着させるというところにあります。後でお話ししますが、規制業種としてのロボアドバイザー・サービスになかなか新しいプレイヤーが参入できていない状況があります。

もちろん、投信販売をいっさいなくしてＥＴＦ一本に切り替えるとか、支店の従業員を解雇してロボアドバイザーだけにしましょうというのは現実的ではないですし、ユーザーにとっても良いことはありません。投信が担っている役割は引き続きありますし（日本のＥＴＦ市場が成長するという別の課題もありますが）、対面で担当者がユーザーと相談して運用方針を決めていく、というニーズがなくなることはありません。実際にアメリカでは、ＲＩＡ[4]という資格をもつ独立系のファイナンシャルアドバイザーが、ユーザーと膝を突き合わせて資産運用方針を決めるといったことが行われています。私たちのようなス

[4] Registered Investment Advisory：個人向け投資顧問業者

タートアップの存在意義は、既存のビジネスとの調整・折合いをつける必要がないことを強みとして、どんどん新しい価値観を生み出すことです。その価値観が広くユーザーに受け入れられることになれば、既存の金融機関もこれに対応することになります。私たちとしては、これまであったニーズ（たとえば対面販売）とロボアドバイザーのような新しい価値観の組合せやシナジー効果についても、積極的に提案していくつもりです。

ロボアドバイザーにおけるスタートアップ企業とのやりとりでおもしろいところでは、チャールズ・シュワブのロボアドバイザー、Schwab Intelligent Portfolioの事例があります。チャールズ・シュワブはディスカウントブローカーの雄として、ロボアドバイザーをいち早く自分たちのサービスとして取り入れました。それもロボアドバイザーの運用報酬をゼロとして打ち出しました。これは同社の既存のユーザーを中心に好感され、いまでは資産運用残高はウェルスフロントやベターメントを超えるに至っています。一方で、ウェルスフロントの創始者のアダム・ナッシュとチャールズ・シュワブの間では舌戦が繰り広げられています。アダム・ナッシュは、チャールズ・シュワブがロボアドバイザーを始める際に証券取引委員会に提出した文書を読んだ結果、そこにはからくりがあると指摘しています。まず投資対象として、チャールズ・シュワブが提供している手数料の割高な商品が選択肢のほとんどを占めるだろうということです。あとは、運用資産の六〜三〇％程度はキャッシュポジション[5]をとるらしいのです。ユーザーが一〇〇万円を資産として預けたとしても、チャールズ・シュワブがそのうち最大三〇万円を実質無利子で借り受けていることになり、チャールズ・シュワブが運営する銀行のほうで、その現金化した三〇万円を貸出に回して、貸付料で利益を得るのではないかという話です。要はコングロマリットだからこそ、ゼロにしたところには何かからくりがあるだろうという批判です。裏のからくりがあるからこそ、ユーザーはだまされているのではないかということが、独立系のロボアドバイザーの立場からは批判されています。

[5] 現金で保有すること。

ただ、はたしてチャールズ・シュワブに対する批判が本当にすべて的を射ているかというと、まだわからないところもあります。いまは業界が急速に変革している途中だと思っていて、やはり大手はそこまでラジカルなことはしにくいというなかで、何とか少しでも変化を起こさなければならないという気持ちは伝わってきます。大手金融機関からロボアドバイザーが出てくるというのも、まずはユーザーの利便性から変わり始めてきているのではないかなと思います。私たち以外にも、ベンチャー系のロボアドバイザーが日本でも出てくることで、ぜひ一緒にロボアドバイザーという新しいカテゴリーを盛り上げたいと考えています。

5　ロボアドバイザーの登場による変化――アメリカの事例

アメリカではウェルスフロントなど、ロボアドバイザーによるサービスで成功を収める企業が出てきています。それでは、金融サービス全体の人員構造はどうなっているのでしょうか。たとえばファイナンシャルアドバイザーのような職業の人たちの職業観や、就業者数はどう変わってきているのか、考えてみたいと思います。

一つ大きく起こったこととして、ロボアドバイザーやウェブサービスを提供して終わり、ということではなくて、既存の資産運用サービスとの融合があります。先にお話ししたとおり、アメリカでは独立系のアドバイザー（ＲＩＡ）が大勢います。たとえばフィデリティという資産運用のプラットフォームを備えている金融機関をみると、そのサービスを利用するＲＩＡを多数抱えていて自社のサービスを展開する核としています。ＲＩＡは一人当り五～一〇ぐらいのファミリーを顧客にもっていて、たとえば「スミスさんの家はいま、おばあさんが亡くなって、おじいさんが一人で暮らしている。ただ、おじいさんもあと数年ぐらいでお亡くなりになるかもしれない」という状況だとします。そうすると、こんな相続が発生しそうであるとか、一家で不動産をこのぐらいもっている、個人の年金がどうやって運用されている、保険はどうなっている、お嬢さまの学資保険はどうなっているといったことを、全部みている人たちがいます。ＲＩＡはスミスさん一家にいろいろなアドバイスをします。たとえばエステートプランニング（相続対策）とか、タックスプランニング（税金対策）とか、生命保険などです。それに加えて、コア資産の運用、いわゆる最適なポートフォリオを用いた分散投資をして、ちゃんと資産を守っていきましょうというサービスを提供しているのですが、ＲＩＡの人たちにしてみると、こういった分散投資は実はとても面倒なんですね。個人の事情に応じた資産運用というのはすごく面倒で、これまでは、「じゃあＥＴＦを五つぐらい買ってみたらどうですか」というような話になっていました。そのような状況で、ベターメントがBetterment Institutionalというブランドを立ち上げました。何をするかというと、ＲＩＡ用の投資診断ツールをつくって提供することにしました。ＲＩＡは投資診断ツールが入ったiPadをもって、「スミス様、コア資産だったら、こうやって運用してみませんか」と提案できるようにしています。これまで人の手がかかっていて、販売員が悩んでいたところも解決してしまう側面があって、やはりビジネスとしてうまいと思います。

そのようなロボアドバイザーが台頭していくと、アセットマネジャーもファイナンシャル・プランナーも全員いなくなってしまうかというと、必ずしもそうではないと思います。なぜかというと、人間が代替できる部分とそうでもない部分ではそれぞれの守備範囲があって、アルゴリズムがどれだけ頑張っても解決し切れないことがあります。スミスさんのおじいちゃんが「何でもいいんで買います」といったり、あるいは、「俺は、本当は心情的には四人いる子どものうちのいちばん良くしてくれた三男にちょっと遺留分を多くしてあげたいんだ」といったりしたら、いまのところ、ロボットには対応できません。

そういう意味で、必ず人が介在してくる分野がアメリカにはあります。もともと、一九七〇～一九八〇年代に、ペンションプランニングをきっかけに投資に対する意識が高まってきたのがアメリカです。それ以降で、余剰資金に関してもしっかりと運用しなければいけないという意識が芽生えてきました。ただ、そんなにみんな暇でもないので、そこは人が介在して、代替する役割を担ってきました。その人たちがとってかわられるかというと、まだあまりにも複雑なことをやっているため、むずかしいと思います。むしろその人たちにとっても便利なツールという意味で、ロボアドバイザーが入り込んできて活用されている、そのような状況だととらえています。

6 ロボアドバイザーは、日本でどのような役割を果たしていくのか

アメリカの事例について述べてきましたが、それでは日本ではどうなっていくのでしょうか。私たちは二〇一六年二月にＴＨＥＯという名称で本格的なロボアドバイザー・サービスを開始しましたが、おかげさまでとても良い反響をいただいています。サービス開始後一カ月

でみると、投資経験がない方がユーザー層の四割を超えていて、投資経験が豊富でない人とあわせると、実に八割を超える方が豊富な投資経験をもっていないというデータが出ました。これはあまり例をみないユーザー分布です。いままで資産運用に対する距離感と不信感が強く、資産運用を敬遠してきた資産形成層が資産運用を始める、フィンテックとしてのロボアドバイザーの効果がすでに現れていることを肌で感じています。

今後のロボアドバイザーの役割を考えるうえで、国内の資産運用サービスの販売チャネルと、ロボアドバイザーの関係性を考えてみたいと思います。

前述のとおり、ロボアドバイザー・サービスは、完全オンラインで診断・申込み・運用開始・運用継続までを完結させる形態から（私たちのＴＨＥＯがそれに当たります）、ＲＩＡのためのツールであったり、アメリカではパーソナル・キャピタルという会社のようにウェブサービスだけれども、アドバイスを行う担当者をつけることができたり、エイコーンズという会社のように日々のクレジットカード決済の端数を投資用資金に振り分けて積み立てられたりするものまで、多岐にわたります。さまざまな販売チャネルでロボアドバイザーの技術は効果を発揮します。私たちだけですべての範囲を網羅することはできません。既存の金融機関の役割も大きくなってくると思いますし、私たちの同志である別のロボアドバイザーが担う部分もあると思います。私たちも、ＴＨＥＯに続くサービスとして、ＧＭＯクリック証券のようなインターネット証券や、マネーフォワードのようなフィンテックプレイヤーとの業務提携を発表していますし、先般も地方の金融機関にロボアドバイザー・サービスを導入していただくために、だいこう証券ビジネスと業務提携をすることを発表しました。これからもどんどんロボアドバイザーの力をいろいろな場面に活用していきたいと思っています。

7 ベターメント、ウェルスフロントとお金のデザイン
――アメリカの市場との関係性

ベターメント、ウェルスフロントといったアメリカの事例についてここまで述べてきましたが、実は、お金のデザインの創設者である谷家は、このビジネスを以前からずっとやりたいと思っていました。機が熟したと思って始めたのが、二〇一三年の八月です。そういう意味では、当初の発想として、別にアメリカの企業をコピーしようというわけではなかったんですね。

そうはいっても、やはりアメリカの企業を参考にする部分は非常に多いです。なぜかというと、急成長を遂げるほど市場に受け入れられたという状況がありますので、日本の市場に新規参入した私たちとしては、学ぶものは多いと思っています。先述のようなロボアドバイザーの特徴といわれる部分は、私たちとしてもサービスにちゃんと移

行すべきだと考えています。具体的には、ＵＩ／ＵＸを非常に重視しているとか、スマートフォンからの申込みであっても、しっかりとユーザーが「この商品は何だ」「このリスクは何だ」というところを理解しながら、それでもストレスなく申込手続ができるというところまで、ウェブサービスとしてつくりあげる必要があります。ウェブサービスとしての完成度というのは、いままでの金融サービスの発想としてなかったと思います。

よくあるのは、分厚い冊子を送って、商品の説明から免責事項から何から、全部読んでもらえばわかります、というものです。私たちも、もちろん契約書は詳細に内容が網羅されたものを使用しますけれども、重要な点をどうやって強調してお伝えするか、ご理解いただくかというところにはこだわっています。アメリカの成功例をみていますので、ＵＩ／ＵＸを重視し、ウェブサービスで得意なことをやって、ユーザー本位を実現している自負はあります。

後は、ポートフォリオの構成に関しては非常にこだわっています。

大体四〇種類ぐらいのETFを組み合わせます。一方で、ウェルスフロントとかベターメントは、多くて一〇種類ぐらいだと思います。それにはちゃんと理由があって、アメリカはドルを基軸通貨として信頼していることや、アメリカではインターナショナルな企業も特に大型株に多いので、そういったところに投資することによって、ある意味グローバルに投資ができているという背景もあります。それらのアメリカ型の投資と私たちのポートフォリオの発想は少し違っていて、アメリカに投資するのではなくて、世界中に分散投資をしなければいけないと思っています。それは、別に私たちが自国の生活をアメリカの基軸通貨で送っているわけではないので、そういう意味では世界中にリスク分散をしなければいけないということです。そのなかでは、日本との関係でどうかというところをみなければいけない面もあります。

たとえば私たちのポートフォリオにおいては、モデルを裏で三つ動かしているんですね。これは画期的で、中長期的なリターンの最大化を求める株を中心とするポートフォリオ、運用中の安定性を求める債券を中心とするポートフォリオと、日本でインフレーションが起きた際に、この影響をヘッジするためにコモディティなどを中心としたポートフォリオに区分して、それぞれを別の運用方針で運用していきます。プロファイリングを通して、ユーザーには三つのポートフォリオの配分が異なる（合計一〇〇％となる）運用を提供します。たとえばインフレーションをヘッジするポートフォリオに関しては、ポートフォリオを設計している加藤康之教授の発想として[6]、富裕層というのは、資産運用に対する目的は必ずしも資産を二倍、三倍にすることではなくて、何かしらの経済事象の変動が起こっても、本業で稼いできた富の価値を損なわないことが重要だということがあります。ハイパーインフレが起こると、富の細分化が起きるので、そういったリスクをヘッジすることが求められます。インフレーションは日本の経済と連動していきます。各国とのつながりを日本独自の発想から考えなければいけないというところなので、運用主体が日本人であるからこ

[6]　第1章を参照。

そ、日本ベースで物事をみるようなモデルのつくり方をしています。

もうひとつあるのは、私たちは、いわゆるプロレベルの運用まで行ってしまおうという考えがありました。たとえばカルパース（カリフォルニア州職員退職年金基金）とか、カルスターズ（カリフォルニア州教職員退職年金基金）のようなところは、世界でも有数の大規模な運用会社で、かつ、なくしてはいけない資産の運用をしている団体です。彼らがどういった資産運用方法を取り入れているのかというと、リスクとリターンだけではなくて、それぞれの資産がもつ効用を考え、別々の理論で運用をするといった非常にこだわったことをやっています。ＴＨＥＯも実は同じようなアプローチで運用を行っています。ただ、ユーザーからの見え方は一緒だというところが、実は私たちのこだわりでもあります。そこは日本ならではというか、私たち独自のこだわりをみせているところです。

後は、アメリカの事例をみてどうかというと、いろいろなビジネスモデルとか、今後の展開というところも考えるきっかけになっています。二〇一一年頃からのここ数年の事象をみていると、どこかで儲かると思ったら、いままでのビジネスモデルを捨てて入ってくる大手企業もいますし、金融機関でも、いままでウェブサービスのようなビジネスをやっていなかった大資本も入ってくると思います。クレイトン・クリステンセンの『イノベーションのジレンマ』[7]では、持続的イノベーションと破壊的イノベーションについて書かれていますが、持続的イノベーションというのは、結局大手に最終的に模倣されて、大資本に負けてしまうという話になっています。そうすると、このロボアドバイザーというものも、私たちがいかにモデルにこだわったとしても、パッケージとして同じものをどんどん模倣されるはずです。ユーザーが最終的にサービスを選ぶ立場にあるのだとすれば、それはそれでサービスの質とコストの適正化に資するので、あるべき姿だと思いますが、ロボアドバイザーがコモディティ化する可能性もあるということと同義だと考えています。だからこそ、常にイノベーションを起こすことが必要です。Betterment Institutionalが、人を機械にリ

[7] 玉田俊平太監修、伊豆原弓訳。翔泳社から二〇〇一年に刊行された。

プレースするのではなく、むしろ機械が人を助けるようなツールをつくったように、今後は資産運用をもっと大きい枠組みでみたときに、たとえば住宅ローンはいつどのぐらいの額をもつのか、金融資産がどのぐらいあってそのうちの何割を運用に向けるのか、一〇年、二〇年、三〇年、四〇年と考えたときに、どのタイミングでどういう支出をするのか、いつ退職してどのぐらい退職金が入ってくるのか、など、さまざまなライフタイムイベントを考えた、資産運用のポータルサービスをつくれるようなところまで、テクノロジーが実現してくれるはずです。そこにはどんどんビッグデータも入ってきますので、データの並び、分析も含めて、私たちがさまざまなアドバイスをすることができるようになります。お金のことすべてに対して、私たちがアドバイスできたり、ユーザーとして、もう自分の資産内容をすべて管理できるようになったりするという、そこまで進められるのが、このビジネスだと思っています。そうしていかないと立ち行かないと考えていますし、コモディティ化して埋没してしまわないようにしなければなりません。昨今のアメリカの環境をみながら、危機意識、目的意識をもっているところです。ブロックチェーン技術や機械学習などもフィンテック革命の真打ちとして注目されていますが、フィンテック企業の私たちとしても、当然研究開発の対象としています。

8 フィンテックと金融行政

二〇一六年現在、経済産業省ではFintech研究会を不定期に開催し、金融庁では平成二七事務年度行政方針の重点政策として「IT技術の進展による金融業・市場の変革への戦略的な対応」をあげる（図表3―1）など、行政からの関心が大変高くなっています。新しいサービスを提供していくうえでの行政とのかかわりについて、フィンテック企業の代表として行政との折衝の現場にいた立場として、考えを述べます。

お金のデザインは、金融商品取引業者として、二〇一四年九月に投

図表3－1　平成27事務年度　金融行政方針（FinTech関連部分抜粋）

4．IT技術の進展による金融業・市場の変革への戦略的な対応

FinTechと呼ばれる金融・IT融合の動きは、従来見られなかったような多様な金融サービスの提供等を通じて顧客利便の向上をもたらすとともに、金融業・市場の将来的な姿を大きく変えていく可能性を有している。
（中略）

金融庁としては、IT技術の進展が将来の金融業に与える影響を、内外の有識者や関係者の知見を取り入れつつ前広に分析するとともに、望ましい金融規制のあり方を検討していく。

具体的重点施策

(1) FinTechへの対応

足元、すでにスマートフォンでの金融取引等の決済サービスを起点に、人工知能（AI）による与信審査、投資アドバイスや資産運用等、FinTechを活用した動きが広がっており、金融業の「アンバンドリング化」とも言うべき構造変化が見られ始めている。市場分野においても、取引所等の機能の変容等、同様の動きを展望する見方がある。

翻って現状を見ると、こうした構造変化の動きを敏感に捉え、ITベンチャー等のノンバンク・プレーヤーと金融機関との連携・協働等の動きが見られている欧米の状況に比べ、我が国ではこのような有機的な対応が遅れている。また、我が国金融機関（金融機関ネットワークを含む）が提供する決済サービスは、国際的に活動する企業・個人のニーズ（グローバルなキャッシュマネジメントサービス、全銀システムの仕様の国際標準化、安価な海外送金手数料等）に十分に対応出来ていないという課題もある。

金融庁としては、我が国が、FinTechの動きに速やかに対応し、将来の金融ビジネスにおける優位性を確保するため、民間部門と協働しつつ、海外事例の調査や内外の担い手との対話等を通じてFinTechの動向を出来る限り先取りして把握していく。その上で、利用者保護等の金融行政上の課題と両立させつつ、将来の金融業・市場の発展と顧客利便性の向上につなげていくとともに、内外の専門家の知見を積極的に活用し、技術革新が我が国経済・金融の発展につながるような環境を整備する。

（出典）　金融庁

資助言・代理業、投資運用業の登録を、二〇一五年一二月に第一種金融商品取引業の登録を完了しました。いずれも行政の現場の方々には私たちのサービスの必要性についての理解を示していただきました。

経済産業省、金融庁、いずれからも金融業界を適正なものとして成長させたいという意向がひしひしと伝わってきています。監督官庁でありながら、フィンテックの応援団として、どうやって業界全体の成長と適正化をサポートすることができるか、現状をどう変えていくべきかということで、どんどん検討が進んでいます。

一つの例でいうと、経済産業省主催のFintech研究会において、イギリスの業界団体・自主規制団体であるＦＣＡ[8]の担当官と、イギリスのスタートアップ企業の代表者と意見交換する機会をいただきました。他の省庁で何をやっているのかといったことを、ざっくばらんに話そうというコンセプトです。その時は、経済産業省だけではなく金融庁の方も来ていましたが、そこで出たのはサンドボックスの話です[9]。砂場でまず遊ばせて外に行かせないというところからきた言葉ら

[8]　Financial Conduct Authority：金融行為規制機構

[9]　https://www.fca.org.uk/news/regulatory-sandbox

しいのですが、何か金融的にイノベーティブなことをやるときに、一定の範囲の枠内で実際に試させることによって、本当にこれが事業として成立するのかしないのか、何かトラブルは起きないかを試運転して確かめるようにすることを考えています。また、イギリスのＦＣＡが提供するようなことを今後日本でもやるという話もありました。イギリスもコモンローの国ですので、裁量行政の幅が多いなかで、法律上の総論しか書いてないところと具体的にやりたいこととのギャップをどう埋めるかという課題をもっており、フィンテック相談室を設けて、そこで個別具体的な事案について回答しているそうです。

翻って日本ではどうなのかというと、監督官庁である金融庁はフィンテック相談窓口を設置するなどの対応を始めています。[10] こういったことがどんどん具現化するのであれば素晴らしいと思います。先述のとおり、経済産業省が機会を設けて、実際にイギリスではどうなっているのか話を聞きましたが、ものすごく先進的というわけでもないと思っています。日本の二、三年ぐらい先を行っているイメージでしょ

［10］金融庁では、平成二七事務年度 金融行政方針をふまえて、フィンテックに関する一元的な相談・情報交換窓口として、「FinTechサポートデスク」を設置している。

うか。日本の省庁はそのことに対して問題意識はもっていて、何とかしようとしていることが伝わってきます。現実的な改良、改善を異なる省庁間で試みているのが、純粋にすごいことだと思っています。

ぜひこの流れは続けていっていただきたいと思いますし、私たちはそれに対して、期待に応えるような適正な運用をしていくべきだと思っています。

9 日本の法規制とこれからのフィンテック

お金に関するあらゆるサービスにイノベーションを起こしていこうと考えていくうえで、現状の日本の法制度に対する考え方を整理したいと思います。いまの日本の制度が、スタートアップ企業が活動しやすいような規制の状況になっているのかどうか、考えてみましょう。

法律の専門家としての立場からすると、これまで残念ながら情報の非対称性ゆえにユーザーが害される事例が相当多かったと思っていいます。業法規制というのは、さまざまな状況に対応するために法律ではある程度概括的な定め方をして、法の解釈や運用に委ねる部分もあるのですが、それを利用して不当にリスクの高い商品をつかまされたりとか、ユーザーが不公平な目に遭ったりしたことがままありました。だからこそ、金融商品取引法をはじめとする業法には、金融サービスを始めるときの資本の大きさや担当者などの要件が定められており、またサービスを始めた後も勧誘規制や資本規制などのルールが定められています。これらのルール自体非常に重要なものですが、フィンテックという新しい動きが出てきているなかで、対応が困難な部分も散見されます。

フィンテックではウェブサービスが中心となるので、とにかく顧客にとって利便性の高いサービスが求められます。一昔前はPCが中心でしたが、いまではスマートフォンが主流になりつつあります。法律の運用について定めた金融庁のガイドラインや業界団体の規則では対面や紙のやりとりを前提としたものもあります。スマートフォンの画面でそれをどう表現するのか、それにはベースとなっている法律の趣旨に立ち返る必要があります。ＴＨＥＯのサービスをつくるにあたっても、いままでの慣行に盲目的に従うのではなくて、小さいスマートフォンの画面でどうやってユーザーにサービスの内容を理解していただくか、リスクを説明できるかを、弁護士はもちろんのこと、関東財務局の担当官や日本証券業協会の担当者と何回もミーティングを重ねた経緯があります。

　また、フィンテックによるイノベーションは、金融サービスに限らず、さまざまな業界に横断的に起こりうるものです。その際に金融庁管轄下ではない法律が絡んでくることはままありますが、そういった横串で法律を俯瞰して、法律の規定や運用のあり方を変えていくことはさらにむずかしいです。

　次に、フィンテックはテクノロジーが人のやっていた仕事を補完することで効率性や正確性を高めることに意義がありますが、法令や諸規則には必ず人の手を介することを義務づけている規定があります。

ユーザーの大事な資産を預かるようなサービスを行うにあたって、機械が代替できそうだから人はつけなくてもよいと短絡的に判断するものではなく、いますぐに解決できるものではないですが、新しい業態が生まれるなかでどうやってこれに対応していくか、もしリーンスタートアップがフィンテックでも可能になれば、さらにイノベーションの機会が増えていくと思います。

もともとフィンテックといっても、会計サポートやアグリゲーションサービスといった、法律に規制されていない分野から始まった経緯があります。しかし、テクノロジーが進化し続け、さらに優秀な人材がどんどんこの業界に入ってくるにつれて、決済、送金、資産運用など、さまざまな分野でフィンテックによる金融サービスの革新が起きています。ブロックチェーン技術などは、金融サービスの構造自体を塗り替えるかもしれない、といった期待をもたれています。こういった業態では、金融商品取引法のみならず、銀行法、資金決済法、貸金業法、外為法、国外送金等調書法といったさまざまな法律がかかわってくることになるのですが、これまで想定しえなかったサービスを開始するにあたっては、これらの法律の規定とどう折合いをつけるのかが課題となります。

金融サービスの規制当局である金融庁も立法担当者の国会も、このような問題を認識しているように思います。自由民主党Fintech推進議員連盟や超党派のFinTech勉強会が開催されるなど、立法担当者の間でも活発な議論が交わされています。

こういった良い流れに水を差しかねないのは、その流れに乗じて、法規制の網をくぐって不正が起きることです。導入するテクノロジーに専門性が高く、ユーザーも規制当局も何が起きているかわからない、ということが起きると、せっかくのフィンテックに対する期待が台無しになってしまいます。行政はもちろんですが、Fintech協会のような業界団体もこういった事態が起きないための安全弁となると期待しています。

なぜ私たちのようなフィンテック企業がイノベーティブなことがで

きているかというと、身軽だからです。無駄なものはなく、金融工学とウェブサービスの二種類の専門職があわさっているだけで、新しいことをどんどんやろうという体制ができています。ただ、身軽だからこそ、余剰人員は一人もいませんし、資金もこれまでの証券会社ほどはもっていません。法令上の立て付けとしては人の配置は多ければ多いほどいいような傾向があります。一方で、スタートアップ企業というのは真逆の発想で成り立っています。必要最低限の人員だけで何とかしたいとか、機械・テクノロジーで代替できるものはどんどん効率化を図っていきたいという発想なので、業法の立て付けと折合いをつける必要があります。ただ、業法上の規制に対して一概に否定的な目で見ているかというと、冒頭に申し上げたとおり、いままでの歴史的背景を考えなければならないとは思っています。「フィンテックはスタートアップだから、もう従来型の金融の法規制を当てはめるのはやめましょう」という話ではないと思うのですね。代替できるようなモニタリング手段や、安定性を確保するような施策を、同時並行で考えながら法律は変わっていくべきだと思っています。ただ、サービスの開始に時間もお金も人もかかってしまうというのが、いまの金融業界の現状であり、起業してサービスを立ち上げていくうえでの悩み、障壁になりうる部分です。こういったことが解消されていくことが求められています。

第4章

フィンテック時代に金融はどう変わるのか
――ウェブサービスにおける金融の可能性

株式会社お金のデザイン　ＣＦＯ／ＣＳＯ
坂田　宏

◆この章のポイント◆
- 金融のソフトウェア化とは何か
- 革新的なサービスを生み出すには何が必要なのか
- フィンテック・スタートアップはどのような組織であるべきか

1 ジャカルタからシリコンバレーへ

私は必ずしも金融のバックグラウンドをもつわけでもなければ、エンジニアリングのバックグラウンドがあるわけでもありません。その私がなぜフィンテックに取り組んでいるのかというと、従来の産業のあり方をテクノロジーの力でつくりかえることに強く関心があるからです。

私は、大学を卒業後、新卒でコンサルティング会社のマッキンゼーに入社し、二年半ほど勤務した後、インドネシアの国連開発計画

(UNDP) に転じました。国連開発計画では、重要な輸出産品であったパームオイルを事例に、インドネシアの農業セクターの生産性をいかに高めるかというプログラムにかかわっていました。

プロジェクトチームの考え方の一つは、地方政府と連携して、インドネシアの農民に対してトレーニングを施すというアプローチでした。これは、生産性の向上と同時に、希少な動植物の保護や少数民族(indigenous people) の権利尊重等を達成したいというプロジェクトゴールをふまえると、一定の合理性のあるアプローチではありました。ただ、仮に単純な生産性の向上のみを目的とすると、四〇〇〇万人というインドネシアの農民人口をかんがみたとき、実現に困難の伴うプロジェクトだったといえると思います。私自身、プロジェクト在籍中に納得のいく成果を出すことはできませんでした。

当時から感じていたことではありますが、産業構造の転換が求められる規模で生産性を上げることができるのは、テクノロジーを通じてであると思います。農業の例では、種子加工、生産管理など生産性を飛躍的に高め得る技術革新が次々に起こっています。

プロジェクトを離れた直後に留学したスタンフォード大学で、テクノロジーがいかに産業を変えていくかということをキャンパスの内外で学びました。なかでも、金融の分野でのさまざまな新サービスが目を引きました。日米のユーザーが享受する金融サービスのオファリングの違いなどを目の当たりにするにつけ、日本でもテクノロジーの力でユーザーの生活に役立つ金融サービスが出せないかと思うようになりました。そのなかで創業出資者の谷家と知り合い、一緒に取り組むようになったという経緯です。

こうした背景がありますので、いわゆるテクノロジーの企業が、金融の会社としてサービスを提供していくことが、非常に重要だと考えています。私はエンジニアではなく、自分自身で製品・サービスをつくることはないのですが、エンジニアが働きやすい体制を整えることや、そもそもテクノロジー重視の会社になるという方向性を広く共有するといったところは、自分の大きな役割の一つだと思っています。

2 "Software Is Eating The World" ——ソフトウェアが世界を飲み込む

「テクノロジーの力で産業のあり方が変わる」——スタンフォード大在学中に、こうした考え方を決定づけたエッセーに出会いました。マーク・アンドリーセン（Marc Andreessen）という伝説的な起業家であり投資家が二〇一一年に書いた、"Why Software Is Eating The World"というエッセーです。マークはインターネットの黎明期である一九九三年に、初期のブラウザの一つであるモザイクを世に出したネットスケープ社を創業しました。ネットスケープ社は一九九五年にＩＰＯ（新規上場）しています。その後二〇〇九年に、Andreessen and Horowitz[1]を創業しました。

"Why Software Is Eating The World"で書かれていることを簡単にご紹介します。一番のコアなメッセージは、今まで物理的に、また

[1]『ＨＡＲＤ ＴＨＩＮＧＳ 答えがない難問と困難にきみはどう立ち向かうか』（日経ＢＰ社、二〇一五年）の著者であるベン・ホロウィッツ（Ben Horowitz）とともに創業した。

はハードウェアで提供されていたあらゆるサービスがソフトウェアで置き換えられていく、ということです。マークはいろいろな例を使ってこれを説明していきます。

例の一つは、ご想像のとおり、アマゾンです。アマゾンの出現により、書店はオフラインの世界からソフトウェアの世界に変化しました。次に、アマゾンはKindleを発売することにより、本そのものをソフトウェア化しています。

カメラ・写真産業も典型的な例です。スマートフォンに内蔵されているカメラは、すべてソフトウェアカメラです。一台スマートフォンが出荷されるたびに、伝統的なカメラに対する世界のソフトウェアカメラのシェアは高まっています。当然、写真もどんどんデジタル化され、オンラインで保存され、閲覧され、シェアされています。

通信会社も例外ではありません。マークは、世界で最も早く成長している通信会社は既存のテレコム大手ではなくスカイプであると述べています（同エッセー出版当時）。

われわれ日本のユーザーにとって身近な例は、携帯電話かもしれません。携帯電話が一般的になり始めた頃に、われわれがどうやって機種を選んでいたかというと、たとえばＮＥＣ製にしようか、シャープ製がいいか、もしくは東芝製にしようか、などとメーカーで選んでいた方が多かったのではないでしょうか。これはつまり、ハードウェアの選択をしていたということです。それが今は、iOSがいいのか、Androidがいいのかという、ソフトウェアが大きな判断軸になっています。

自動車産業でも、この先、同じことが起きるかもしれません。自動車は、今はたとえばトヨタかホンダか日産か、というハードによる選び方をしていますが、自動運転が現実となった未来においては、テスラのソフトウェアを使うのか、アップルのソフトウェアを使うのか、グーグルのソフトウェアを使うのか、といったソフトウェアの選択になっているでしょう。

産業のソフトウェア化は、抗うことのできない現代の大きなトレンドです。フィンテックを一過性のブームであると考える人もいます。一面をみるとそうかもしれませんが、一歩引いてみるとフィンテックもまた、この不可逆的な大きな流れの一つの現れだと考えるべきです。

3 金融のソフトウェア化とは

このソフトウェア化のトレンドを金融業界に当てはめると、どんな未来が実現可能でしょうか。ここで、再びアメリカの事例をいくつかご紹介します。

一例として、融資を考えてみましょう。たとえば、ある地方都市にあるレストランが経営拡大のため金融機関から融資を受けるとします。伝統的な審査の世界では、財務諸表を確認するとともに、実際にレストランを訪問し、顧客の入りや厨房のようす、店員の対応などを確かめて融資を決定する、という方法が考えられます。フィンテックの世界では、実際に審査のためにだれかを派遣するのではなく、データを活用することで解決しようとします。たとえば、インターネット上に残っているレストランに対するユーザーのレビューは顧客単価やサービスレベルの推定に生かすことが可能ですし、ホームページへの訪問数、あるいはカメラや衛星写真の解析により客足の推測も可能です。

少し余談になりますが、こうしたフィンテックの会社に投資を行うベンチャーキャピタルもまた、ソフトウェア化の波と無縁ではありません。ここ数年、サンフランシスコを中心に、Data driven VCと呼ばれる新興ファンドがいくつか誕生しています。これまでのベンチャーキャピタルは、投資先の選定が“club deal”と呼ばれ、顔見知りの間での情報交換や、少数の関係の近いファンド同士の関係性に基づいて行われる、という指摘を受けてきました。また、投資先がビジネス判断を行う際には定量的な裏付けを求める一方、ＶＣとして投資先を選定する際には、ともすると「経験と勘」に頼っていると批判を浴びることもあります。こうした現状に対し、市場の成長性、人材の質を定量化し、データに基づいて投資先を発掘し、投資の意志決定を行おうとするのがData driven VCです。こうしたVCファンドのあり方が成功を収めるかはともかく、一部の人だけがもっていたネットワークやノウハウをテクノロジーの力で解放しようとする試みは非常にシリコンバレー的であるといえます。

フィンテックの一面は、これまで融資、投資など専門家が専門知を活用して独占的に行っていた仕事のソフトウェアによる置換えであるということができます（もちろん、フィンテックの特長をこれに限るものではありません）。ここで注意したいのは、必ずしも人の仕事が奪われる、という未来が待っているわけではないということです。むしろ、実際にはソフトウェアが人の仕事を助ける場面のほうが多いのではないでしょうか。当社のTHEOを例にとってみると、まずお客さまにオンラインで九個の質問にお答えいただき、銘柄を推奨します。この作業自体はオンラインで完結しますが、このアルゴリズムを一歩進めて、金融機関の営業担当者とそのお客さまが、当社のアルゴリズムを活用して推奨銘柄を絞り込み、そこから議論をしながらお客さまの嗜好にあわせて最終調整していく、といった未来もすぐに実現可能だと思っています。

4 実際にフィンテックサービスを立ち上げて——ウェブプロダクトを重視する

こうした想いをもって始めたロボアドバイザーの事業ですが、大規模に展開するにあたっては、どんなスタートアップでも当然経験するチャレンジに加えて、業界特有のチャレンジも多いと感じています。大変ですが、やりがいのある事業です。ここでは、事業を始め、拡大していくのに必要なピースについて、ヒト・モノ・カネの各側面でご説明していきたいと思います。

まず、ヒトについては、非常に多種多様な人材が必要です。職種としては、大きく次のように分かれています。

①　プロダクト
②　エンジニアリング
③　マーケティング
④　カスタマーサポート
⑤　証券業務
⑥　資産運用業務
⑦　投資運用
⑧　システム
⑨　事業開発
⑩　コンプライアンス

こうした多種多様な人材、そして優秀な人材を採用するのは簡単なことではありません。そのため、この規模のスタートアップとしては異例のことながら、お金のデザインでは人事担当者を二名置いています。当然各ファンクションやマネジメントでも採用活動を行っているわけですが、二名とも、in-house recruiter[2]として、「これ」と目をつ

［2］　社内の採用担当。

けた人材への声かけを積極的に行っています。

よく知られたクオートとして、A's Hire A's, B's Hire C'sというものがあります。優秀な人材は優秀な人材を連れてくるが、そうではない人間は自分よりも仕事のできない人材を連れてくる、というものです。この背景として、一流の人材はだれが一流か目利きができるうえに、強力な人材が加わると自分の仕事にもプラスに働くという当たり前のことを理解している。一方で、一流とはいえない人間は目利きができないうえに、自分の仕事がなくなるという脅威を感じるので優秀な人材を採用したがらない、という説明がなされます。

自分を含め当社のメンバーが一流である、などという大それたことを申し上げるつもりは毛頭ございませんが、「明らかにこれまでになかったスキルをチームに持ち込んでくれる人材」を採用することを徹底して、日々採用活動を重ねています。

さて、私どもの組織とこれまでの金融機関を比較したときに最も特徴的なのは、プロダクトマネジャーの存在かもしれません。この場合のプロダクトとは運用商品のことではなく、ウェブサービス全体のことを指します。当社の例でいいますと、ロボアドバイザー・サービスとしてＴＨＥＯを提供していますので、ウェブプロダクトとしてのＴＨＥＯそのものに責任をもつのが、プロダクトマネジャーです。

プロダクトマネジャーは、ソフトウェアスタートアップだけに特有の存在ではありません。

ほかの業界の事例で考えてみると、たとえば歴史的に自動車産業では、プロダクトマネジャーに当たる存在は非常に重視されてきました。自動車産業におけるプロダクトマネジャーは、営業部とのコンセプト開発、設計部との製品開発、販売促進部との販促など一つの車種のconcept to marketをすべて統括する存在でした。社によってはプロダクトマネジャーが損益計算書（ＰＬ）をもち、販売の台数まで責任を負っていたといわれています。特に、部品の数が数万点となる車というプロダクトの特性上、設計に通じた人材である必要性があり、技術畑出身者が登用されたといわれています。

たとえば消費財業界においては、マーケティング出身者がその役割を担うケースがみられます。顧客が商品選択を開始してから意思決定に至るまでの時間の短い消費財というプロダクトにおいて、当該商品の何がどう他の商品と違うのか、情緒的な価値訴求も含めて適切に消費者に伝えることが非常に重要だからです。

あらためて当社のようなウェブサービスのプロダクトマネジャーに立ち戻ってみると、プロダクトマネジャーは、他の業界同様、「お客さまに提供するサービスを、業界の歴史や置かれている環境、お客さまのニーズなどをとらえて企画し、エンジニアやデザイナーとともにかたちにし、マーケターなどとともに世の中に広めていく」ことを行っています。おそらくどの会社でもこうした機能が存在するはずですが、これを独立したプロフェッショナルとして明確に認識し、尊重し、一気通貫の権限を意識的に与えている金融機関はまだ少ないかもしれません。

当社では、他のウェブ企業でプロダクトマネジャーとして活躍していた人材がその任に当たっています。金融の知識については非常に速いスピードでキャッチアップしています。先ほどの自動車業界の例と同様、エンジニアというと働く時間が長くなりがちで、かつ技術的な制約を解きほぐすことが必要になる場合もあるため、ウェブスタートアップではエンジニア出身者がプロダクトマネジャーとなるケースが比較的多いとされています。

たとえば、当社のTHEOを例にとって考えてみると、プロダクトマネジャーの仕事の一つに、サービスへの入り口となるサイト（https://theo.blue）の設計があります。このサイトをローンチするために、プロダクトマネジャーは、投資運用部と運用商品としての特長や魅力について整理しつつ、マーケティングチームと訴求メッセージについてクリアにし、デザイナーとサイトデザインに落とし込み、エンジニアと実装するといったことを進めていくわけです。

ここで注意したいのは、エンジニアを含むほかの部署の人材がプロダクトマネジャーにレポートするわけではない、ということです。プロダクトマネジャーは彼らから信頼を勝ち取りながら、最終的にプロダクトに必要な要素を判断し、プロダクトをローンチし、改善するところまで責任をもって進めていきます。

リソースとの兼ね合いでいつもそうできるわけではありませんが、組織としては、各事業に一人プロダクトマネジャーがいる姿が理想です。

次に、モノです。このなかで、非常に真摯に受け止めているものの一つが当局からの金融業者としての登録です。登録は、日本のマーケットを担う金融機関の一端として果たすべき責任や義務が込められた非常に重要なものですので、弊社としても然るべき体制を構築し責務を果たすよう努めています。もちろん登録には時間もかかりますし、その分、組織的な体力も求められるのですが、私としてはより多くのフィンテックスタートアップが登録を伴う業種に参画し、お客さまの利便性の向上のために切磋琢磨していければと思っています。

最後に、カネの側面です。これについては通常のスタートアップと同様、ベンチャーキャピタルや事業会社からの出資を募ることになります。成熟した企業の価値を測る際の大原則はCash is Kingなわけですが、サービスが立ち上がり始めたばかりのスタートアップとしてはまだまだ投資に見合うだけのキャッシュを生んでいないわけですから、取り組もうとしている市場が十分に大きく成長性があるか、その成長を取り込むに十分な経験のあるチームか、といった点を出資者に理解してもらうことが必要です。ありがたいことに、弊社では一流のＶＣや非常に有力な事業会社の皆様に出資者としてご参画いただいています。

5 次世代のフィンテックサービスとは

この先、どのような画期的なフィンテックのサービスが生まれ、私たちの生活を豊かにしてくれるのでしょうか。当社としても、先進的なウェブプロダクトを開発し続け、これまでと明らかに違う未来を実現し、ユーザーに支持され続ける企業でありたいと強く願っています。

その観点で重要だと思われることを、著名な経営学者であるピーター・ドラッカー（Peter Drucker）がいっています。「The best way to predict the future is to create it.（未来を予言するいちばん良い方法は、自分の手でつくりだすことである）」という言葉です。社会が変わっていく大きな方向変革をふまえたうえで、サービスを出す側が未来はこうなるべきだという信念をもって世に出し、ユーザーの声を聞いてどんどん進化させていくものが、結果的にはユーザーにも支持されると思っています。われわれにとっての大きなトレンドというのは、特定の層だけがアクセスできた特権的なサービスが次々に民主化されるインターネットの潮流であり、産業がソフトウェア化していくことであり、マクロ経済環境の変化により円預金だけで預金をしておくことで実質的な資産価値が減ってしまう可能性があることです。この前提に立って、どういうソリューションをユーザーに提供するのか、どういうサービスを提供することでどういう未来を実現したい会社であるのかが非常に重要であるといえます。

「どんなサービスが当たるのか」という未来予測ではなく、「どんな未来を提供したいのか」という未来創造――言葉にすると大げさですが、発想としてはこうした考え方が重要だと思っています。

未来志向を貫き続けると同時に、もうひとつ忘れてはいけないと思っている視点があります。「The future is here, but not evenly distributed yet.」です。これはアメリカの小説家、ウィリアム・ギブソン（William Gibson）[3]がいっています。未来というのはすでに到来しているのだけれど、それは万人に平等に提示されていないだけなのだということです。「だれもみたことがない未来」「だれしも想像もしたことがない未来」を創り出せると考えることは、もしかしたら傲慢なのかもしれません。どこかで聞いたことがあったり、だれもが考えたことがあったりするものを、いかに完成度高くユーザーにお届けするかということが非常に重要だと思っています。当社のサービスの根

[3] 一九四八年生まれ。代表作に『ニューロマンサー』（日本語版は早川書房から刊行）など。

幹にある発想は、円預金を離れ、世界資産の近似・縮小版を自分のアセットとしてもとう、というものです。この発想自体が新しいものであるとは思いません。それをいかにユーザーにとってストレスのないかたちでサービスとして提供するか、というところに事業の価値があると思います。金融という産業は生活との距離が近く、非常にプレイヤーの多い産業なので、そんなに一足飛びに先にいったサービスを出すことは簡単ではありません。時代の半歩先、一歩先をいっているものを本当に完成度高く出すことが、フィンテックのイノベーションになるのでしょう。

第5章

お金のデザインが描く
これからの金融サービス

株式会社お金のデザイン 代表取締役社長
廣瀬 朋由

◆この章のポイント◆
●投資において大切な考え方とは（本書のまとめ）

1 これからの日本に投資教育は必要なのか
――資産価値（購買力）の考え方

中学生、高校生から自分の資産運用に関してしっかり学ぶべきである、投資教育がなされるべきである、そういった意見をお持ちの方も多いことでしょう。私も、投資教育は必要だと考えています。ただ、いわゆる巷でいわれているような投資教育そのものが必要かどうかといったら、それは疑問です。その前に、論理的かつ合理的な思考ができる人を育てることのほうが大切なのではないかと考えています。投資教育というのは、特別な教育ではないと思っています。ロジックが正しく理解できるのであれば、投資は理解できます。学校での基礎教育が重要で、それを身につけている人への投資教育はむずかしいものではありません。投資教育そのものを身につけることを重視するのではなくて、基礎学問を身につけ、基礎学問の実践学習として投資教育を学ぶ機会があればよいのではないかと思います。

基礎教育と投資教育との違いは、基礎教育の場合、勉強して試験で間違える→点数が悪くなる→評価が下がるという問題はありますが、そこでは経済損失は発生していません。一方、投資教育では、自分のリスクで資産形成をすることになるので、自分の財産の増減に直接的に影響するわけです。つまりは、投資教育はまさに生きる手段そのものということになります。

たとえば、偏差値の意味がわかれば、本書で繰り返し述べている資産価値（購買力）の維持の意味が理解できると思います。資産価値（購買力）保全とは、名目価値保全ではなくて、あくまでも相対価値保全です。前回の試験では八〇点をとったのに、今回のテストでは三〇点しかとれなかったとします。ただ、偏差値は前回も今回も六〇だったとすれば、これは成績が下がったのではなくて問題がむずかしくなっただけです。それと同じ発想で資産価値の保全の意味が理解できるのではないでしょうか。世界の金融資産を保有しているなかで、自分の位置がたとえば当初は偏差値六〇（たとえば順番でいうと上位三分の一）であったとした場合、その水準を維持し続ければ、貯蓄したお金の資産価値（購買力）は保全されたことになります。

一〇〇万円を投資して、一一〇万円になったら得、九〇万円になったら損だと思うかもしれませんが、実際には一一〇万円になっても、実質的には損をしている可能性もありえます。反対に九〇万円になっても得している場合もありえます。なぜかというと、資産が一一〇万円になったとしても、物価が上昇して、以前一〇〇万円で買えたものが一二〇万円出さなければ買えなくなっていれば、資産価値（購買力）保全はされなかったことになります。逆に資産が九〇万円になったとしても、物価が下落して、以前一〇〇万円で買えたものが八〇万円で買えるようになっていれば、資産価値（購買力）は保全されたことになります。

資産価値（購買力）の保全を、狭い日本のなかだけで考えても仕方がないと思います。たとえば、世界全体は経済成長しているのに、日本だけが経済成長が鈍化しているといった場合です。この場合、日本のなかでは、資産価値（購買力）は保全されていたとしても、結局世界全体に対して、日本全体の資産が保全されていなければ、（たとえば円安の場合）意味がありません。

だからこそ、地球全体に投資し、地球全体の資産価値（購買力）に連動するような資産構成にしないといけないわけです。つまり一〇〇万円投資することは、ある意味地球全体の資産に一〇〇万円投資したことと同義です。その考え方でいくと、われわれが運用する資産が一一〇万円になったのは、地球全体の物価が一一〇万円になったからです。別に儲かったわけではないんですね。地球上のどこで暮らそうと影響のない資産を形成することが、資産価値（購買力）の保全の究極の意義になります。

2 パッシブ（インデックス）運用の意義

われわれの運用は、世界全体の資産に投資するというコンセプトから、世界中のETFに投資します。ETFは、ある市場に連動する運用成果を提供することをその運用目的としているため、いわゆるパッシブ運用と呼ばれています。

パッシブ運用の最大のメリットは、いろいろな投資の考え方で市場に投資している投資家によって得られる優れた運用成果も、すべて市場全体の運用成果として享受できているということです。

最近、ESG投資[1]といった考え方が注目されています。だれかがESG投資をすると、ESG投資のパフォーマンスが市場全体にも同時に反映されます。われわれは、市場全体に投資していることにより、新しいアイデアに基づいた効果を吸収して、その運用成果にある意味ただ乗りできているということです。パッシブ運用は、意図せず

[1] Environment（環境）、Social（社会）、Governance（ガバナンス）に基づいて経営を行うこと。

に市場の新潮流を常にとらえていることになります。

すなわち、パッシブ運用の良さは、マーケット参加者がいろいろな知恵を絞って出た結果が市場の運用成果に反映され、その成果を自動的に手に入れることができるところにあります。パッシブ運用は、市場のイノベーションを確実にとらえていることになります。

3 競争相手との関係性――価格競争ではなく、顧客志向の考え方

ＥＴＦ市場は、最近では、ありがたいことに価格競争の時代に突入しています。あるＥＴＦのプロバイダーがＥＴＦの運用報酬を引き下げるといえば、別のＥＴＦのプロバイダーはそれよりもさらに下げようとします。ＥＴＦというのは投資目的が同じであれば、それを実現する手段でしかないので、結局価格競争に陥ることになります。一方、運用成果というのは、どの市場にどのくらい投資するかという資

産配分でほぼ九〇％は決まってしまうといわれています。

つまり手段自体には価値はなく、投資目的を決め、ＥＴＦの資産配分を決め、取引執行をすることに付加価値があり、そのうえに低いコストで提供できれば、付加価値の提供がより確かなものになってきます。

具体的には、

①　シンプルで、わかりやすい手続
②　自分にあった投資方針の設定
③　運用方針に基づいたポートフォリオの構築
④　運用方針に基づいた定期的な取引売買（リバランス）
⑤　安い運用報酬

以上のことを、お客さまにかわってだれかが実行する仕組みがあれば、経済的負担・時間的負荷が軽減し、安心して、自分のやりたいことに専念できるようになるものだと思います。

よく運用の差別化が必要ではないかといわれますが、差別化をするためにプロダクト・運用サービスを開発するというのは本末転倒で、お客さまのニーズをとことん追求することに専念し、お客さまの満足度を高めることだけに気を配れば良いのだと思います。「競争相手がこういうサービスを出しているから」といって、差別化するためのサービスは何かを考え始めると、お客さまのニーズからどんどん離れていきます。

お客さまのニーズに徹底してこだわることが、究極の差別化です。お客さまは差別化されたサービスを提供してほしいとは思っていません。自分のかゆいところに手が届くようなサービスを提供してほしいと思っているだけなのです。やるべきことは、お客さまが納得できる運用サービスの提供のため、すべてのリソースを費やすことだと思います。

4 グローバル投資の合理性
――日本だけに投資することは本当に避けるべきなのか

人口動態的な観点から、人口は減少していき、長期的には日本の経済成長の鈍化は避けられず、地球全体の経済成長に投資していったほうが適切な資産形成ではないかと考えています。可能性の一つとして、第二次安倍政権が成長戦略で掲げる一億総活躍社会で、日本の出生率が上がっていって、人口の低下に歯止めがかかり、再び人口が増えていくこともあるかもしれません。あるいは技術改革によって、GDPも拡大し、日本がまた昔のように大きく右肩上がりの時代に突入するという可能性もあるかもしれません。

それでも総合的にみれば、グローバル投資のほうが優れていると思っています。

まず、人口動態の方向性は簡単には変わりません。人口減少が一定期間続くと、その後出生率が徐々に改善されたとしても、減少にかかった期間と同程度の期間は、人口増加は期待できません。人口動態からみた経済成長性から考えれば、長期投資の観点で日本のみを対象にするのは効率的とはいえないと思います。

海外からの移民を受け容れれば、人口の問題は解消しますが、日本の国民性の問題から、そう簡単ではありません。日本のグローバル化を待つよりは、個人のお金をグローバル化するほうがはるかに簡単です。

われわれのサービスはまったく奇をてらっているわけではなく、基本的なことしかいっていないと思っています。グローバル投資する以外にお客さまの資産価値（購買力）を保全する道はないと考えています。お客さまの資産を毀損させないためにも、運用報酬は、預り資産の一％に抑える必要があると考えています。

よく耳にする投資信託では、販売手数料が四％、運用報酬は二・五％というように、お客さまが一〇〇〇万円を預けたら四〇万円を最初に販売手数料として徴収され、そして毎年約二五万円弱ずつ運用報酬がとられるようなものが多いと聞いています。本来の販売手数料とは、お客さまにとって最善の選択をしていただくため、運用商品を紹介するためのコンサルテーションの対価であるべきです。しかし、現状の販売手数料は、お客さまのための金融コンサルティングではなく、ある特定の投資信託を販売するための説明になっているのが実態ではないでしょうか。お客さまが効用を感じられないようなサービスに、販売手数料というかたちで請求するのは納得性がないように思います。もしもお客さまがプロである機関投資家でしたら、運用商品を何度も説明するのは当たり前ですし、お客さまに対して販売手数料などを請求することはありません。お客さまと運用サービスの提供者との間に、運用情報量の差によって手数料が発生するとしたならば不条理ですし、結局は、そのようなビジネスは長続きしないと思っています。

5 フィンテックの本質とは

フィンテックというと新しい金融サービスとして受け止められています。たしかにその一面もありますが、フィンテックという考え方は、機関投資家向けの資産運用サービスにおいては以前からありました。それは、運用の観点からみるといわゆるクオンツ（定量）運用と呼ばれているもので、投資理論をアルゴリズムにし、システマティックな運用をしたもので、フィナンシャルテクノロジーを使った投資運用です。私は、世界最大のクオンツ（定量）運用会社であるバークレイズ・グローバル・インベスターズ（ＢＧＩ）に一五年近く勤めており、フィンテックをベースにした運用には、その前に勤務した三井信託銀行（現三井住友信託銀行）時代から数えると三五年近く携わっていることになります。しかしながら、最近いわれる資産運用におけるフィンテックは、運用というよりは、運用を始めるにあたって、運用方針を決めるためのアドバイス機能により重点を置いた言い方になっています。その運用アドバイスと運用執行を合体した自動化運用サービスという意味でのフィンテック、あるいは資産運用面でいうところのロボアドバイザーは新しい概念といえます。

ロボアドバイザーで最も重要なことは、運用経験がない人でも、ロボアドバイザー機能を使って、恣意性のないアドバイスによって運用方針を決め、かつ均質な資産運用サービスを提供できることです。

特に投資信託ビジネスで問題にされているのは、人がアドバイスを行うことにより、短期的な視点でいま注目を浴びている投資信託を勧めたり、あるいは販売手数料が高い投資信託を勧めたりするなど、お客さまにとって最善の投資信託とはいえないものが勧められていたことでした。そうであるならば、ロボアドバイザーのほうが、人の恣意性がないだけに中立なアドバイスをしてくれるのではないかという期待から、注目されたのだと思います。また、人によっては運用説明の巧拙などのばらつきも出てきますから、ロボアドバイザーのほうが均質なアドバイスが得られるという期待もあったかと思われます。しかしながら、ロボアドバイザー機能を使っても、選ばれる投資信託が結局、販売会社の関連する運用会社の投資信託であれば、問題は解決されません。ロボアドバイザーの本来の意味は、真の意味で恣意性がなく、中立的というところにつきます。さらに、ロボアドバイザーの重要な要素は、シンプルでわかりやすくなければ、その特性を生かすことはできません。そこで、お客さまがどこでも手軽に、簡単に利用できて、直感的に理解できる表現・ビジュアル化・スマートフォンでの対応が可能となるような最先端のテクノロジーが必要となってくるのです。

たとえば、通勤途中の電車のなかで運用開始の手続をすませ、会社に着く頃には運用を開始できるようになれば、より資産運用が身近なものになってくるはずです。資産運用を身近なものにするためには、ウェブサイトの画面にさまざまな工夫が必要になってくるのです。

ただ一方では、そのアドバイスの後に行われる運用そのものも同様に重要であり、当然そこにはロボアドバイザーの重要な側面である運用会社としての運用哲学が、運用実績における大きな差につながってきます。運用哲学が明確でないと、いったいどのような運用がなされるのかわからないため、運用結果にかかわらずお客さまの期待に沿わないこともあります。

読者の皆様が資産運用を担うロボアドバイザーを選ぶ場合には、まずどのような運用をしてくれるのか、指針になる運用哲学を確認することが重要だと思います。「グローバル分散投資をします」とだけ謳うこともできますが、これは運用の形態であって、投資哲学ではありません。われわれの運用哲学は、資産価値（購買力）保全であり、そのために日本単独よりも成長性のある世界の成長に追随するグローバル分散投資をするのです。機能別ポートフォリオ（グロース・インカム・インフレヘッジ）という運用概念を用いることによって、お客さまの運用目的に合致した投資を実現することになるわけです。

ロボアドバイザーは、わかりやすく中立なアドバイスを短時間でいつでも提供し、かつしっかりとした運用哲学をもった運用会社であるべきで、われわれはそれを目指し続けています。

ロボアドバイザーの資産運用革命

平成28年11月10日　第1刷発行

編著者　お金のデザイン
発行者　小　田　　　徹
印刷所　三松堂印刷株式会社

〒160-8520　東京都新宿区南元町19
発　行　所　**一般社団法人 金融財政事情研究会**
編 集 部　TEL 03(3355)2251　FAX 03(3357)7416
販　　　売　**株式会社 き ん ざ い**
販売受付　TEL 03(3358)2891　FAX 03(3358)0037
URL http://www.kinzai.jp/

ISBN978-4-322-13022-5